Eva Malle: Die Ročičjaks
Eine slowenische Familie im Widerstand

Eva Malle

Die Ročičjaks

Eine slowenische Familie im Widerstand

Eva Malle
Die Ročičjaks
Eine slowenische Familie im Widerstand

© 2012 Kitab-Verlag Klagenfurt – Wien
www.kitab-verlag.com
office@kitab-verlag.com
ISBN: 978-3-902585-74-5
Satz und Layout: Michael Langer

Inhaltsverzeichnis

Einleitung

Als ich kurz nach dem Tod meiner Großmutter Jožefa Trobej im Juli 2002 begann, in verschiedenen Archiven in Österreich und Deutschland nach Dokumenten über ihr Schicksal bzw. über das Schicksal ihrer – und somit auch meiner – Familienangehörigen während des Zweiten Weltkrieges zu suchen, war ich einerseits gespannt auf das Resultat meiner zahlreichen Anfragen und Bittschreiben, andererseits aber hatte ich in gewisser Weise auch Angst vor dem, was ich erfahren würde. Meine Großmutter hatte es immer wieder abgelehnt, über die Ereignisse der Kriegsjahre zu sprechen. Wir wussten, dass sie während des Krieges inhaftiert gewesen war und wir wussten auch, dass sowohl ihr Vater als auch ihre älteste Schwester hingerichtet worden waren – aber auch das wussten wir lediglich von unserer Mutter. Als nun nach und nach Kopien von Dokumenten einlangten, zunächst einige spärliche aus den österreichischen, dann dickere Briefumschläge aus den deutschen Archiven, sah ich die Dokumente nur zaghaft durch und legte sie dann beiseite. Meine Schwester kontaktierte ehemalige Mitgefangene meiner Großmutter und ihrer Schwester, nahm die Interviews, welche die Frauen bereitwillig gaben, auf Band auf, aber an das Transkribieren machte ich mich nur zögerlich. Irgendwie war ich so kurz nach dem Tod meiner Großmutter noch nicht bereit, der Geschichte ins Auge zu sehen.

Erst als es im Frühjahr 2005 daran ging, sich für ein Diplomarbeitsthema zu entscheiden, nahm ich die zahlreichen Dokumente wieder zur Hand und beschloss, meine Großmutter und ihre Familie zum Thema meiner Arbeit zu machen. Sehr viel Material war durch die Bemühungen der gesamten Familie bereits vorhanden. Aus dem Slowenischen wissenschaftlichen Institut in Klagenfurt lagen Dokumente über den Partisanenwiderstand und vor allem über die Jahre nach 1945 vor; aus dem Landesarchiv in Klagenfurt/Celovec waren uns die Hofakten zugeschickt worden, die uns über die Situation der Familie Trobej/Ročičjak Aufschluss gaben; das Dokumentationsarchiv des österreichischen Widerstandes hatte uns eine Kopie der Anklageschrift zukommen lassen; aus dem Bayerischen Staatsarchiv hatte man uns Dokumente über den Aufenthalt meiner Großmutter im Zuchthaus Aichach gesandt; und aus dem Staatsarchiv in Berlin hatten wir eine weitere – lesbarere – Kopie der Anklageschrift, des Urteilstenors und die Strafvollzugshefte meines Urgroßvaters und einem der Mitverurteilten bekommen. Die Interviews mit den Frauen, die sich in der Zeit von Mai 1944 bis Jänner 1945 eine Zelle mit meiner Großmutter bzw. deren Schwester teilten, lieferten eine Menge an Informationen und Details über das (Über)Leben in den Klagenfurter Gefängnissen. Die weiteren Recherchen für meine Diplomarbeit waren weniger erfolgreich. Im Landesarchiv in Graz waren keine Dokumente zu diesem Fall aufzufinden und in der Justizanstalt Graz-Jakomini, in der ich hoffte, weitere Informationen über die Hinrichtung zu bekommen, verweigerte man mir den Zutritt. Auch die Suche nach den Akten des Partisanen, der von den Nationalsozialisten festgenommen wurde und daraufhin die Namen der Helfer – unter ihnen auch die Familie meiner Großmutter – preisgab, gestaltete sich beschwerlich. Weder im Wiener Landesarchiv, noch im Archiv der Republik waren Dokumente zu seiner Person bzw. seiner Verhandlung vor dem Reichskriegsgericht zu finden. Einzig und allein sein Sterbe- und Geburtsdatum war auf einer Karteikarte im Archiv der Republik vermerkt.

Die Literatur über die slowenische Minderheit in Kärnten/Koroška im Allgemeinen, aber im Speziellen auch über die Jahre vor, während und nach dem Zweiten Weltkrieg ist sehr umfangreich. Vor allem auf kärntnerslowenischer Seite beschäftigt man sich viel mit der eigenen Geschichte. Außer der zahlreich vorhandenen Sekundärliteratur gibt es auch Sammlungen berührender und schockierender Zeitzeugenberichte bzw. autobiographische Bücher, die von den tragischen Ereignissen der Kriegszeit erzählen. Neben den Dokumenten waren es vor allem folgende Publikationen, die mir bei meiner Arbeit weiterhelfen: *Po sledovih*, eine Sammlung von Zeitzeugen-berichten, die durch kurze, aber sehr persönliche und ergreifende Schilde-rungen, die Lage der Kärntner Slowenen in den Jahren von 1920 bis 1945 sehr lebhaft darstellt; *Zgodovina Koroških Slovencev*, ein gut strukturierter Abriss der Geschichte der Kärntner Slowenen; *Die Deportation*, eine Pub-likation, die in mehreren kurzen Beiträgen die wichtigsten Ereignisse der Geschichte der Slowenen in Kärnten von der Habsburgermonarchie bis in die Nachkriegszeit behandelt, *Kärntner Slowenen/Koroški Slovenci* 1900–2000, eine Sammlung von Aufsätzen, die verschiedene Zeitabschnitte und Aspekte der kärntnerslowenischen Geschichte behandelt. Über den be-waffneten Widerstand in Kärnten gibt es neben zahlreichen Publikationen von ehemaligen Partisanen, wie zum Beispiel von Karel Prušnik und Lipej Kolenik, auch ein sehr detailliertes Werk über den Partisanenkrieg von Josef Rausch, das sich in erster Linie mit den militärischen Aspekten des Widerstandskampfes auseinandersetzt. Bei den Nachforschungen über die Partisanentätigkeit in der Gemeinde St. Kanzian/Škocjan waren vor allem die publizierten Berichte von Milena Gröblacher sehr aufschlussreich.

Der erste Teil meiner Diplomarbeit gibt eine kurze Darstellung der Ge-schichte der Kärntner Slowenen von Monarchiezeiten bis zum Kriegsen-de 1945 und versucht zu zeigen, dass die Slowenen in Kärnten nicht erst unter dem Naziregime zu einem in Kärnten unerwünschten Volk wurden, sondern dass gezielte Assimilierungsmaßnahmen seitens der in Kärnten stark präsenten deutschnationalen Kräfte schon viel früher, nämlich in der zweiten Hälfte des 19. Jahrhunderts, begannen. Durch starken politischen Druck und einem konsequenten Vereiteln aller slowenischen Bestrebun-gen um Gleichberechtigung innerhalb der Landesgrenzen, gelang es den Deutschnationalen, die Zahl der sich zur Volksgruppe bekennenden Slo-wenen stetig zu senken und ihr Selbstbewusstsein als Minderheit nachhal-tig zu schwächen. Die Einführung der utraquistischen Volksschule führte zu einer Verdrängung der slowenischen Volksschule und dem erfolgreichen Herabsetzen der slowenischen Sprache als „Steigbügel" zur angeblich hö-herwertigen deutschen Sprache. Um 1907 ob der Einführung des allgemei-nen und gleichen Wahlrechts Wahlbezirke mit slowenischer Mehrheit zu verhindern, wurden slowenische Gebiete stückweise an benachbarte Wahlkreise mit deutscher Mehrheit angeschlossen.

Während des ersten Weltkrieges und auch in den Jahren danach, den Jahren des sogenannten „Abwehrkampfes", kam es zur ersten Verfolgungs- und Vertreibungswelle von führenden Kärntner Slowenen; die zweite, heftigere, setzte unmittelbar nach dem Kärntner Plebiszit von 1920 ein, dessen Resultat nicht als Votum (auch der slowenischsprachigen Bevölkerung!) für Österreich, sondern als Sieg des Deutschtums interpretiert wurde. Die Zusicherungen, die man den Slowenen von österreichischer Seite vor der Volksabstimmung gemacht hatte, waren schnell vergessen. Slowenische Geistliche und Lehrer wurden entlassen bzw. mussten das Land verlassen, die Schule wurde ganz in den Dienst deutschnationaler Interessen gestellt, die slowenische Sprache aus dem öffentlichen Leben ausgeschaltet.

Der minderheitenfeindliche und einflussreiche Kärntner Heimatbund setzte alles daran, nationalbewusste Slowenen in ihrem wirtschaftlichen Fortkommen zu beinträchtigen, und deutschfreundliche, assimilationswillige Slowenen – die sogenannten »Windischen«– wirtschaftlich zu unterstützen.

Trotz der feindlichen Stimmung, die den Slowenen in der Zeit nach dem Plebiszit entgegenschlug und den zahlreichen Hindernissen, die ihnen seitens der Behörden in den Weg gelegt wurden, gelang es der Minderheit, ihre politischen, wirtschaftlichen und kulturellen Organisationen zu erneuern. Verhandlungen über eine Kulturautonomie für die Kärntner Slowenen in den späten 20er-Jahren scheiterten jedoch an dem Unwillen der Kärntner deutschen Parteien, auf die bescheidenen Forderungen der Minderheit einzugehen.

Auch in der Zeit des autoritären Ständestaates hofften die Kärntner Slowenen vergeblich auf eine gerechtere Behandlung der Minderheit. Obwohl sich die Slowenen dem ständestaatlichen Regime gegenüber äußerst loyal verhielten, wurden ihre Erwartungen bezüglich einer minderheitenfreundlicheren Schulregelung und einer gerechteren Volkszählung (1934) nicht erfüllt. Nach der Machtübernahme der Nationalsozialisten im April 1938 wurde bis zum Überfall Deutschlands auf Jugoslawien 1941 zunächst noch eine „gemäßigtere" antislowenische Politik betrieben, die zwar schon die Vertreibung und Verhaftung von nationalpolitisch aktiven Slowenen, die Versetzung von slowenischsprachigen Lehrern in deutschsprachige Gebiete und die Abschaffung der letzten Reste des zweisprachigen Schulwesens mit einschloss, aber man schreckte vorläufig noch vor brutaleren Maßnahmen zurück. Nach 1941 jedoch ließen die nationalsozialistischen Machthaber alle Rücksichten auf die Kärntner Slowenen fallen. Das Slowenische wurde nun nicht mehr nur im staatlich-öffentlichen Bereich verboten, sondern auch im kirchlichen und sogar im privaten Bereich. Es kam zur völligen Auflösung slowenischer Kulturvereine, zum Einstellen der slowenischen Wochenzeitung *Koroški Slovenec*, zur Vertreibung zahlreicher slowenischer Geistlicher und zur Beschlagnahmung der slowenischen Genossenschaften und der Einziehung ihres Vermögens. Im April 1942 wurden 917 Slowenen, darunter viele Kinder, von ihren Höfen vertrieben, in verschiedene deutsche Lager überstellt und dort zur Zwangsarbeit verpflichtet.

Nach der Deportation slowenischer Familien im April 1942 erfuhr der bewaffnete Partisanenwiderstand, der seinen Ausgang in Slowenien hatte, großen Zulauf durch die kärntnerslowenische Bevölkerung. Die Partisanen organisierten sich Ende 1942 zunächst im Jauntal, im Raum Petzen, im Frühjahr 1943 dann auch im Rosental. Ein Jahr später, im Frühjahr 1944, gelang es den Partisaneneinheiten im Westen, ihre Aktivitäten über die Drau zu tragen, bis hin zum Wörthersee. Im Juni 1944 überquerten sie die Drau auch im Osten und waren vor allem im Gebiet der Saualm tätig. In den frühen Monaten des Jahres 1944 kam es auch zur Herstellung von engeren Kontakten zu deutschsprachigen Antifaschisten. Himmler erklärte im Sommer 1944 Südkärnten zum „Bandenkampfgebiet" und erteilte den Befehl, Sicherheitsmaßnahmen zu verstärken und härter gegen die Widerstandskämpfer vorzugehen. Dies hatte – zusammen mit dem Abzug vieler Kämpfer nach Slowenien um dort die 14. slowenische Division aufzufüllen – tatsächlich eine Schwächung der Partisanen zur Folge.

Erst im Frühjahr 1945 konnten die Partisanen ihre Tätigkeiten wieder richtig aufnehmen und ihre stark gelichteten Reihen füllen. Am 8. Mai

1945 zogen die Partisanen dann gleichzeitig mit der aus Italien kommenden britischen Armee in Klagenfurt ein.

Von Dezember 1942 bis Mai 1945 kam es zu mehr als 600 bewaffneten Zusammenstößen zwischen deutschen Soldaten und Partisanen, die den Nationalsozialisten nicht nur materielle Schäden bescherten, sondern auch ihre Kampfmoral schwächten. Auch wenn man annimmt, dass der Beitrag der Partisanenbewegung zum Fall Hitlerdeutschlands lediglich ein bescheidener war, so hat die Kärntner Widerstandsbewegung trotz allem zu einer Destabilisierung des herrschenden Systems im gesamten „Bandengebiet" geführt.

Der bewaffnete Kampf war jedoch nicht die einzige Form des Widerstands, die sich in Kärnten fand. Ebenso wichtig für die Widerstandsbewegung waren die vielen Menschen, die politische Überzeugungsarbeit leisteten, Ausschüsse organisierten, Verbindungen knüpften und Kurierdienste leisteten, oder aber Partisanen beherbergten, ihnen zu essen gaben, Verwundete versteckten und pflegten. Mein Urgroßvater unterstützte den Widerstand auf ebensolche Weise. Im Haus der Ročičjaks in Kleindorf/Mala Vas waren die Partisanen willkommen, bekamen zu essen und Unterkunft. Ab wann Josef Ročičjak Partisanen bei sich aufnahm bzw. wie häufig sie bei den Ročičjaks einkehrten, kann leider nicht mehr festgestellt werden. Die noch vorhandenen Dokumente, wie die Anklageschrift und das Urteil geben insofern ein verfälschtes Bild wieder, da die Angeklagten versuchten, ihre strafbaren Handlungen soweit es nur möglich war, zu beschönigen und deren Ausmaß möglichst einzuschränken. Leider konnte ich keine Zeitzeugen ausfindig machen, die sich zum Fall Ročičjak noch hätten äußern können und mir mehr über die Unterstützung der Partisanentätigkeit in und um St. Kanzian/Škocjan hätten erzählen können. Tatsache ist, dass Jožef Ročičjak und vier seiner Töchter am 30. Mai 1944 von der Gestapo festgenommen und in das Gestapo-Gefängnis in Klagenfurt gebracht wurden. Während zwei Töchter bald wieder freikommen, muss sich Josef Ročičjak im Dezember 1944 zusammen mit seinen Töchtern Elizabeta und Jožefa und weiteren zehn Personen wegen Partisanenunterstützung vor dem Volksgerichtshof unter Freisler verantworten. Er, wie auch seine älteste Tochter Elizabe-

12

ta werden des Hochverrats schuldig gesprochen und zum Tode verurteilt; Jožefa wird zu einer Zuchthausstrafe von fünf Jahren verurteilt und verbringt noch einige Wochen im Zuchthaus Aichach in Oberbayern.

Im zweiten Teil meiner Diplomarbeit befasse ich mich mit dem Schicksal dieser meiner Familienglieder. Die ersten Kapitel des zweiten Teiles erzählen sowohl über die sozialen Verhältnisse, in denen die Familie Ročičjak-Ražun lebte, wie auch vom Leben und wichtigen Ereignissen in St. Kanzian in den Jahrzehnten vor dem Zweiten Weltkrieg. Besondere Beachtung schenke ich dem Onkel meiner Großmutter, Matevž Ražun, dem als nationalbewussten Slowenen und im Dienste der Minderheit engagierten Pfarrer von St. Jakob im Rosental/Šentjakob v Rožu viele Schmähungen zuteil wurden. Er wurde im März 1916 verhaftet und des Hochverrats beschuldigt, nach vielen erniedrigenden Verhören von allen Vorwürfen freigesprochen, trotz allem in seine Heimatgemeinde St. Kanzian konfiniert und war schließlich einer der Geistlichen, die Kärnten noch vor dem Plebiszit verließen.

In weiterer Folge widme ich mich dann der Partisanengruppe Käfer – als solche wurde die Gruppe von Widerstandskämpfern bzw. Unterstützern bezeichnet, deren Mitglieder Ende Mai/Anfang Juni 1944 im Raum St. Kanzian und Ettendorf festgenommen wurden und zu denen auch meine Großmutter, ihr Vater und ihre älteste Schwester zählten. Benannt wurde die Gruppe nach dem angeblichen „Kopf" der Gruppe, dem Kommunisten Markus Käfer aus Ettendorf. Die umfangreiche Anklageschrift gibt Aufschluss über die strafbaren Aktivitäten, derer die Angeklagten beschuldigt wurden, wie sie sich rechtfertigten bzw. welcher Anklagepunkte sie sich letztlich schuldig bekannten.

Über den Aufenthalt meiner Familienangehörigen in der Gestapo-Haftanstalt in Klagenfurt konnte ich noch einiges herausfinden, da zwei Frauen, die sich damals mit meiner Großmutter bzw. ihrer Schwester eine Zelle teilten, bereit waren, meiner Familie davon zu erzählen. Ana Zablatnik aus Ludmannsdorf/Bilčovs war die Mitinhaftierte meiner Großmutter, Lonka Schellander aus Moschenitzen/Moščenica bei Ludmannsdorf war mit der Schwester meiner Großmutter, Elizabeta, in einer Zelle. Außerdem fand ich in den publizierten Aufzeichnungen einiger ehemaliger Häftlinge der Klagenfurter Haftanstalt erschütternde Berichte über die brutale, unmenschliche Behandlung, der die Haftinsassen schutzlos ausgesetzt waren.

Vor der Verhandlung im Jänner 1945 wurden meine Familienangehörigen in das Gefängnis des Landesgerichtes überstellt, das sich zwar im selben Haus befand, wo man die Häftlinge allerdings etwas besser behandelte als in der Gestapo-Haftanstalt.

Bevor ich über die Verhandlung und das Urteil berichte, widme ich mich kurz der Entstehung, den Zuständigkeiten und Verfahren sowie der Urteilspraxis des Volksgerichtshofes, der schon im April 1934 gegründet wurde und ab Juni 1938 auch in Österreich für Verfahren über Hoch- und Landesverrat zuständig war. Hielt sich bis zum Sommer 1942 die Zahl der Todesurteile noch in Grenzen, so begann mit der Ernennung Roland Freislers zum Präsidenten des Volksgerichtshofes im Oktober 1942 dessen gnadenloseste Ära. Konkret bedeutete das einen Anstieg der Todesurteile von 8,2 Prozent im Jahr 1941 auf 43,3 Prozent im Jahr 1942. Wobei man einerseits die angespannte Kriegslage und die schärferen Gesetze für den rapiden Anstieg der Todesurteile verantwortlich machte, so ist man sich einig, dass in erster Linie der neue Präsident Freisler für diese gnadenlose Urteilspraxis verantwortlich war. Ebendieser stand der Verhandlung meiner Familienangehörigen am 6. Jänner 1945 vor. Wie die Verhandlung unter dem „Blutrichter" verlief, will man sich gar nicht vorstellen – meine Großmutter konnte nie dazu bewegt werden, sich darüber auch nur mit einem Satz zu äußern. Ihre einzige Aussage zur Verhandlung war die, dass die zum Tode Verurteilten nach der Urteilsverkündung abgeführt wurden und ihr Vater an der Tür zum Gerichtssaal noch einmal zu ihr aufsah – diesen seinen letzten Blick hatte sie nie vergessen können. Von den dreizehn Angeklagten der Gruppe Käfer wurden zehn als „verräterische Handlanger" der Kriegsfeinde der Nationalsozialisten zum Tode verurteilt; einige zum Tode durch den Strang, andere – darunter mein Urgroßvater und seine älteste Tochter – zum Tode durch das Fallbeil. Das Urteil wurde schon einige Tage später, am 12. Jänner 1945, in Graz vollstreckt.

Meine Großmutter Jožefa Trobej wurde erst am 15. März 1945 von Klagenfurt ins Zuchthaus Aichach in Oberbayern überstellt. Sie verbrachte dort die letzten Kriegswochen bis zur Befreiung der Zuchthausinsassinnen am 29. April 1945. Über die Zeit, die sie in Aichach verbrachte, konnte man meiner Großmutter manchmal einen Satz entlocken. Vielleicht war

Jožefa Trobej

Aichach nach den furchtbaren Erlebnissen in Klagenfurt eine etwas weniger schlimme Erfahrung, vielleicht verband meine Großmutter die Zeit dort auch mit der Befreiung, die ihr letztlich wieder die Rückkehr in ihre Heimat ermöglichte.

Jožefa Trobej trat die Heimfahrt von München, wo sie einige Zeit in einem Auffanglager und im Krankenhaus Schwabing verbracht hatte, am 22. Juni 1945 an.

Es muss eine Heimfahrt mit zwiespältigen Gefühlen gewesen sein, denn was würde sie zuhause erwarten? Die Eltern wie auch ihre älteste Schwester waren tot, ihre beiden Brüder an der Front gefallen. Ob sie wusste, dass der Hof in ihrer Abwesenheit ihrer zweitältesten Schwester Cäcilia

Ročičjak übergeben worden war, die zu diesem Zeitpunkt ein Verhältnis mit einem SS-Mann hatte, vermag ich nicht zu sagen. Wie in so vielen kärntnerslowenischen Familien, gab es auch in der Familie Ročičjak solche, die sich ihrer Wurzeln schämten und bemüht waren, sich anzupassen.

Für meine Großmutter und ihre Familie begann nach dem Krieg ein erneuter Kampf ums Überleben. Mein Großvater Valentin Trobej kehrte als Kriegsinvalide – ihm fehlte der linke Arm – aus dem Krieg zurück und konnte lange keine Arbeit finden. Jožefa hatte an den Folgen der Haft auch gesundheitlich sehr zu leiden und war nur bedingt arbeitsfähig. Der Opferfürsorgeakt meiner Großmutter erzählt von dem mühevollen, ständigen Bitten um Unterstützung. Immer und immer wieder wurden seitens Jožefa Trobejs Ansuchen auf Opferrente und Unterhaltsrente gestellt, die nicht immer erfolgreich waren. Die wirtschaftlichen Verhältnisse der Familie wurden in regelmäßigen Abständen erhoben, Jožefa musste immer wieder ärztliche Atteste einreichen, die ihre verminderte Erwerbsfähigkeit bestätigten. Wegen der Knochentuberkulose, die sie sich während der Haft zugezogen hatte, war sie ständig in ärztlicher Behandlung und musste nach der Geburt ihres vierten Kindes im Jahre 1951 sogar zwei Jahre in der Heilstätte Stolzalpe verbringen. Ganz ausheilen konnte man ihre Krankheit aber nie, sie hatte ihr Leben lang Schmerzen und musste Medikamente einnehmen. Auch ihre seelischen Wunden heilten nie. Es war ihr nicht möglich, über die Kriegsjahre zu sprechen. Von ihren vier Kindern, hat nur eines – nämlich ihre jüngste Tochter, meine Mutter – ihren Kindern das Slowenische auch weitergegeben. Meine Großmutter hat immer und immer wieder betont, wie wichtig ihr das war, schließlich hatten ihr Vater und ihre Schwester letztlich auch für ihr Bekenntnis zum Slowenentum ihr Leben lassen müssen. Dass ich ihre Geschichte und die ihrer Familienmitglieder auf den folgenden Seiten nochmals aufarbeite, hätte sie sicher sehr gefreut.

Die Geschichte der Kärntner Slowenen vom Beginn des 20. Jahrhunderts bis 1945

Vom Zerfall der Habsburgermonarchie bis zur Volksabstimmung

Die Bemühungen, Kärnten einsprachig, nämlich deutsch, zu machen und die zweite Landessprache, das Slowenische, endgültig aus dem Land zu vertreiben, bzw. der Widerstand einzelner Personen und kleinerer Gruppen gegen diese Maßnahmen, begannen nicht erst mit dem Zweiten Weltkrieg. Der bewaffnete Partisanenwiderstand gegen den nationalsozialistischen Terror war lediglich das Resultat der jahrzehntelangen Unterdrückung der Slowenen, die zurück bis in die Habsburgermonarchie reicht.

Gezielte Versuche, die slowenischsprachige Bevölkerung zu germanisieren, können in die zweite Hälfte des 19. Jahrhunderts zurückverfolgt werden. Betrug die Zahl der Slowenen (umgerechnet auf das Kärnten in den Grenzen von 1920) südlich der Sprachgrenze im Jahr 1846 noch rund 103.000[1], so reduzierte sich diese gegen Anfang des 20. Jahrhunderts um ein gutes Drittel[2]. Obwohl für das Verringern der Zahl der Kärntner Slowenen einerseits die von sozialökonomischen Faktoren bedingte stärkere Assimilationsbereitschaft verantwortlich ist[3], wirkte auch ein System des bewussten und

---

[1] Im Vergleich dazu betrug die Zahl der deutschsprachigen Bevölkerung lediglich 16.000. Vgl. Cilka Broman, Irena Bruckmüller, Hans Haas u.a., Zgodovina Koroških Slovencev. Od leta 1918 do danes z upoštevanjem vseslovenske zgodovine (Klagenfurt/Celovec 1985) S. 33.

[2] Die Volkszählung im Jahre 1910 ergab eine Zahl von 65.661 Slowenen und 78.752 Deutschen. Vgl. ebd. S. 34.

[3]   Es kam zu immer stärker werdenden wirtschaftlichen Beziehungen mit dem deutschsprachigen Gebieten des Landes und mit den städtischen Zentren, was dazu führte, dass die Zweisprachigkeit zunahm. Geographische Gegebenheiten jedoch erschwerten der slowenischen Bevölkerung den Kontakt zu anderen slowenischen Gebieten. Auf Grund der ungünstigen wirtschaftlichen Lage in Südkärnten kam es zu einer breiten Saisonwanderung von Süden nach Norden und einer beträchtlichen Aus-

immer stärker werdenden politischen Drucks. In der zweiten Hälfte des 19. Jahrhunderts stellte das deutschliberale Bürgertum[4], welches eine immer stärker werdende deutschnationale Prägung bekam, die einflussreichste politische Kraft im Lande dar. Sowohl Kapital und politische Macht als auch Intelligenz und Verwaltung des Landes befanden sich in der Hand der Deutschliberalen. Auch konnte dieses Lager auf Unterstützung seitens des Staates rechnen. Die Deutschnationalen unterbanden alle slowenischen politischen Bestrebungen. Nicht nur lehnten sie die politischen Programme der Slowenen, wie das für ein Vereinigtes Slowenien und zu einem späteren Zeitpunkt den Trialismus, strikt ab, sie vereitelten auch alle slowenischen Bemühungen um Gleichberechtigung innerhalb der Landesgrenzen.[5]

Ein besonders effektives Mittel der Germanisierung und somit der Behinderung der nationalen Emanzipation der Kärntner Slowenen war die Einführung der so genannten utraquistischen Schule in den Siebziger Jahren des 19. Jahrhunderts.[6] Das vorrangige Bildungsziel dieser Institution war es, den Kindern mit slowenischer Muttersprache die deutsche Sprache zu vermitteln. Anton Jelen, der um 1922/23 eine solche utraquistische Schule in Loibach/Libuče (Gemeinde Bleiburg/Pliberk) besuchte, beschreibt den Unterricht folgendermaßen:

In unserer, aus zwei Klassen bestehenden Volksschule, gab es zwei Lehrer. Die jüngeren Kinder wurden von einer Lehrerin unterrichtet, die Slowenisch können musste, da sie sonst die Kinder nicht verstanden hätten. Ihre Aufgabe war es, mit den Kindern zunächst Slowenisch zu sprechen, um sie in-

---

wanderung nach Amerika und Kanada. Die nichtlandwirtschaftlichen Berufe, die zahlreicher wurden und der Assimilation stärker ausgesetzt waren, konnten nicht zur Entstehung einer kleinbürgerlichen Schicht beitragen. Vgl.ebd. S. 36.

[4] Der deutschliberalen stand eine slowenischklerikale Gesinnung gegenüber.

[5] Vgl. Broman, Bruckmüller, Haas u. a., Zgodovina Koroških Slovencev. S. 39 und vgl. Mirko Bogataj, Die Kärntner Slowenen (Klagenfurt/Celovec-Wien 1989), S. 56.

[6] Im Jahr 1848 bestimmten die staatlichen Behörden die Muttersprache des Kindes zur Unterrichtssprache des Elementarunterrichts, was zur Einführung slowenischer Volksschulen führte. Die nach 1848 eingeführten slowenischen Volksschulen mussten jedoch der utraquistischen Schule weichen. Gab es 1861 noch 28 solcher slowenischen Volksschulen, so blieben nach Einführung der utraquistischen Schule lediglich noch drei slowenische Volksschulen bestehen. Vgl. ebd. S. 39, vgl. Theodor Domej, Das Schulwesen für die Bevölkerung Südostkärntens. In: Kärntner Slowenen/Koroški Slovenci 1900-2000. Bilanz des 20. Jahrhunderts, ed. Andreas Moritsch (Klagenfurt/Celovec- Ljubljana-Wien 2000) 29-66, S.30 und vgl. Bogataj, Kärntner Slowenen, S. 56.

nerhalb von zwei Jahren schön langsam an das Deutsche heranzuführen. [...] In der zweiten Abteilung war unser Lehrer dieser Scheschark. Er war ein guter Lehrer, aber die Kinder, die slowenische Eltern hatten, hat er immer schief angesehen. Er unterrichtete auch Geschichte und Geographie, sodass er uns in eine deutschnationale Richtung drängte. Eigentlich hätten wir auch Slowenisch lernen müssen. Unsere Schule war eine utraquistische Schule, in der ersten Klasse, in der die ersten beiden Schulstufen waren, war der Unterricht auf Slowenisch, sodass die Kinder verstehen konnten, was der Lehrer wollte. Wir lernten die deutschen Bedeutungen slowenischer Wörter, um den Oberlehrer Scheschark von der dritten Schulstufe an verstehen zu können, weil er nur Deutsch sprach. Es existierte allerdings ein Stundenplan, auf dem geschrieben stand, wie viele Stunden Slowenisch wir hätten haben sollen. Jedoch in der zweiten Klasse gab es nicht einmal eine. Slowenisch hörten wir nur im Religionsunterricht.[7]

Die utraquistische Schulform setzte sich in erster Linie in den ländlichen Volksschulen durch; in den Stadt- und Marktschulen wurde fast ausschließlich in deutscher Sprache unterrichtet. Lehrer wurden somit zu wichtigen Teilnehmern bzw. Verbündeten der deutschnationalen Bewegung.[8]

Als im Jahr 1907 das allgemeine und gleiche Wahlrecht für Männer für den Reichsrat eingeführt wurde, gelang es dem deutschnationalen Bürgertum diese demokratische Reform in ein Hindernis für die nationale Entwicklung der Kärntner Slowenen umzuwandeln. Ein Großteil des slowenischen Gebietes wurde stückweise an benachbarte Wahlkreise mit deutscher Mehrheit angeschlossen, sodass lediglich ein Wahlbezirk mit slowenischer Mehrheit übrig blieb.[9] Mit dieser ungerechten Aufteilung der Wahlkreise schufen deutschnationale Kräfte den Nährboden für eine „rücksichtslose Diskriminierung der formalrechtlich Gleichberechtigten slowenischen Nationalität"[10]

---

[7] Anton Jelen, Kje je treba narediti križ In: Po sledovih. Pričevanja Koroških Slovencev 1920-1945, ed. Slovenska prosvetna zveza (Celovec/Klagenfurt 1991) 35-41, S.36. Dieses und alle Zitate, die aus slowenischer Literatur stammen, wurden von der Autorin übersetzt.

[8] Vgl. Domej, Schulwesen S. 32.

[9] Vgl Broman, Bruckmüller, Haas u. a., Zgodovina Koroških Slovencev S. 39.

[10]   Vgl. Feliks J. Bister, Die Slowenen gegen Ende der Habsburgermonarchie. In: Die Deportation

Während des Ersten Weltkriegs kam es zu einer erneuten Verschlechterung der Situation der Slowenen in Kärnten. Unter Mithilfe von deutschnationalen Organisationen und Zeitungen begannen Militär- und Zivilbehörden führende Kärntner Slowenen zu verfolgen und zu vertreiben. Bekannte man sich dazu, Slowene zu sein, so genügte dies, des Hochverrats bezichtigt oder gar angeklagt zu werden. Zahlreiche slowenische Priester, Politiker und Intellektuelle wurden arretiert, so auch der einzige slowenische Reichsratsabgeordnete Franc Grafenauer. Diese Maßnahmen seitens der Deutschnationalen hatten eine Radikalisierung der slowenischen bzw. südslawischen Bewegung zur Folge.[11] Die Maideklaration 1917 fand unter den Kärntner Slowenen breite Zustimmung.[12] Im Namen aller Südslawen verlas Anton Korošec[13] die Forderung nach einer „Vereinigung aller von Slowenen, Kroaten und Serben bewohnten Gebiete der Monarchie zu einem selbstständigen, von jeder nationalen Fremdherrschaft freien, auf demokratischer Grundlage aufgebauten Staatskörper unter dem Zepter der Habsburgisch-Lothringischen Dynastie".[14] Der Anfang Oktober gebildete Nationalrat der Slowenen, Kroaten und Serben forderte am 17. Oktober 1918 – einen Tag nach der Veröffentlichung des Manifests Kaiser Karls I. – die Eingliederung des slowenischsprachigen Gebiets Kärntens in den zu gründenden Staat der Slowenen, Kroaten und Serben. Der Landesausschuss für Kärnten reagierte prompt mit dem Hinweis darauf, dass Kärnten kein geschlossenes slowenisches Siedlungsgebiet und somit unteilbar sei.[15]

---

slowenischer Familien aus Kärnten 1942, ed. Österreichische Liga für Menschenrechte (Wien 2004), 19-26, S. 20.

[11] Vgl. Broman, Bruckmüller, Haas u. a., Zgodovina Koroških Slovencev S. 40.

[12] Die als „Maideklaration" in die slowenische Geschichte eingegangene staatsrechtliche Erklärung des slawischen Parlamentsklubs vom 30. Mai 1917, forderte „eine Umgestaltung der dualistischen Monarchie in einen Bundesstaat von freien und gleichberechtigten nationalen Staaten". Bister, Slowenen S. 25. Unter den Kärntner Slowenen wurden 19.000 Unterschriften für die Maideklaration gesammelt. Vgl. Broman, Bruckmüller, Haas u. a., Zgodovina Koroških Slovencev S. 46.

[13] Anton Korošec (1872-1940), slowenischer Politiker und Theologe, 1917 Vorsitzender des „Südslawischen Parlamentsklubs".

[14] Bister, Slowenen S. 25.

[15] Vgl Broman, Bruckmüller, Haas u. a., Zgodovina Koroških Slovencev S. 40.

Grenzkämpfe, Volksabstimmung und die Jahre bis zum Anschluss

Um das umstrittene Gebiet kam es ab Dezember 1918 bis Juli 1919 zu regionalen Grenzkämpfen, die in der Kärntner Geschichtsschreibung als „Kärntner Abwehrkampf" bezeichnet werden.[16] Schon im Mai 1919 wurde auf der Pariser Friedenskonferenz der Bevölkerung des Klagenfurter Beckens ein Plebiszit zuerkannt, welches am 10. Oktober 1920, nach lebhafter Agitation und Propaganda beider Seiten, abgehalten wurde. Das Ergebnis der Volksabstimmung mit einer klaren Mehrheit für Österreich schien überraschend für ein Gebiet, in dem bei der Volkszählung im Jahr 1910 noch 70 Prozent der Bevölkerung Slowenisch als Umgangssprache angegeben hatte.[17] Etwa die Hälfte der für Österreich abgegebenen Stimmen stammte von Kärntner Slowenen; das heißt, viele Slowenen entschieden nicht nach ihrer ethnischen Zugehörigkeit, ihr Stimmverhalten wurde von anderen Kriterien, wie Wirtschafts-, Staats- und Regierungsform sowie persönliche Lebensumstände beeinflusst. Auch die Erklärung der provisorischen Kärntner Landesregierung vom 28. September 1920 beeinflusste die Entscheidung der slowenischen Kärntner Bevölkerung. Besagte Erklärung betont, dass „sie den slowenischen Landsleuten ihre sprachliche und nationale Eigenart jetzt und alle Zeit wahren will und dass sie deren geistigem und wirtschaftlichem Aufblühen dieselbe Fürsorge angedeihen lassen wird, wie den deutschen Bewohnern des Landes".[18]

Nach der Übergabe der Zone I in die Verwaltung und Souveränität Österreichs durch die interalliierte Abstimmungskommission am 18. November 1920, fanden sich ähnliche Zusicherungen in der Proklamation des öster-

---

[16] Der Kärntner Abwehrkampf wird in Kärnten auch heute noch gerne als erfolgreiche militärische Aktion dargestellt, obwohl er eigentlich mit einer Niederlage - nämlich mit der Besetzung Südkärntens und des Kärntner Zentralraumes einschließlich der Landeshauptstadt Klagenfurt durch die SHS-Truppen endete. Vgl. Augustin Malle, Die Kärntner Volksabstimmung. In: Die Deportation slowenischer Familien aus Kärnten, ed. Österreichische Liga für Menschenrechte (Wien 2004) 27-34, S.31.

[17] Eine große Mehrheit der stimmberechtigten Personen machte von ihrem Stimmrecht Gebrauch, nämlich 95,78%. Von den gültigen Stimmen entfielen 59,04% (=22.025 Stimmen) auf Österreich und 40,96% (=15.279 Stimmen) auf Jugoslawien. Vgl ebd., S.33. Helmut Rumpler nannte den 10. Oktober 1920 einen „Kompromiss der Minderheit mit der Mehrheit", vgl. Ernst Hanisch, Der lange Schatten des Staates. Österreichische Gesellschaftsgeschichte im 20. Jahrhundert (Wien 1994), S. 273.

[18] Entschließung anlässlich der Volksabstimmung vom 28. September 1920.

reichischen Mitglieds der Plebiszitkommission, A. Peter-Pirkham, wieder. Er wandte sich an die „slowenischen Landesgenossen" und sicherte ihnen zu, „dass alle maßgebenden Stellen ihre sprachliche und nationale Eigenart zu wahren wissen werden". Auch versprach er in seiner Rede, dass auch „jene Bewohner der Zone I, welche am 10. Oktober 1920 ihre Stimmen für das Königreich der Serben, Kroaten und Slowenen abgegeben [sic] haben, [...] deshalb furchtlos und vertrauensvoll ihrer Zukunft als gleichberechtigte Staatbürger [sic] der freien und demokratischen Republik Österreich entgegen sehen"[19] können.

Nur eine Woche später, am 25. November 1920, verlautbarte der Landesverweser Arthur Lemisch anlässlich einer Festsitzung des Kärntner Landtages ein gänzlich anderes politisches Programm; in einem Menschenalter wollte er die nationale Entfremdung der Kärntner Slowenen vollendet wissen:

Nur ein Menschenalter haben wir Zeit, diese Verführten zum Kärntnertum zurückzuführen; in der Lebensdauer einer Generation muss das Erziehungswerk vollendet sein. Das werden nicht die Behörden und Regierungen allein machen können, das Kärntner Volk selbst muss es besorgen; Haus, Schule und Kirche müssen sich am Heilungswerk beteiligen.[20]

Das Ausschalten der slowenischen Intelligenz

Man nahm Lemisch beim Wort – das Resultat der Volksabstimmung interpretierte man nicht als Votum für Österreich, sondern als Sieg des Deutschtums. Dies bedingte die Fortsetzung der Germanisierung, der die Slowenen schon in den Jahren des ersten Weltkriegs ausgesetzt waren. Die Repressionsmaßnahmen begannen im Abstimmungsgebiet sofort nach dem Plebiszit, und richteten sich in erster Linie gegen die slowenische Intelligenz. Diese Maßnahmen wurden damit begründet, dass die slowenischen Geistlichen und Lehrer vor und während der Volksabstimmung in der gegnerischen Propaganda eine führende Rolle gespielt hatten und sich

---

[19] Proklamation an die Bevölkerung der Zone I verlesen durch A. Peter-Pirkham.
[20] Zitiert nach Hans Haas, Karl Stuhlpfarrer, Österreich und seine Slowenen (Wien 1977) S. 34.

dadurch den Zorn der Bevölkerung zugezogen hatten.[21] Das bischöfliche Ordinariat entließ 28 Geistliche, einige mussten sofort nach Bekanntgabe der Resultate flüchten. 30 weitere wurden aus ihren Pfarren abgezogen und in andere versetzt. Vor Dienstantritt in der neuen Pfarre mussten die versetzten Priester eine Erklärung unterschreiben, in der sie sich der Enthaltung jeglicher Aktivität gegen die Republik Österreich und das Land Kärnten verpflichteten.[22]

Das Fortbestehen und Wachsen der slowenischen Sprache und Kultur in Kärnten wurde durch die Entlassung bzw. Vertreibung beinahe der gesamten slowenischen Lehrerschaft erheblich beeinträchtigt. Auch die Heranbildung eines slowenischen Lehrernachwuchses wurde erfolgreich unterbunden. Theodor Veiter schreibt in seiner historischen Monographie aus dem Jahre 1936 dazu Folgendes:

Von den slowenischen Lehrkräften an den utraquistischen Schulen waren aus der Vor- und unmittelbaren Nachkriegszeit nur mehr vier in Österreich verblieben, von denen zunächst keiner wieder in Dienst gestellt wurde. Später trat hier eine gewisse Milderung ein, sodass im Jahre 1933 zwei slowenische Lehrer, jedoch nicht im gemischtsprachigen Gebiet, tätig waren. Slowenischer Lehrernachwuchs fehlte freilich völlig, da an der Klagenfurter Lehrer- und Lehrerinnenbildungsanstalt eine Art Numerus Clausus für slowenische Schüler eingeführt wurde, das heißt, es wurden nur solche slowenischen Schüler in die Anstalt aufgenommen, von denen mit Sicherheit anzunehmen war, dass sie ihr Volkstum beim Verlassen der Anstalt würden aufgegeben haben.[23]

---

[21] Vgl. Broman, Bruckmüller, Haas u. a., Zgodovina Koroških Slovencev S. 65-66.

[22] Vgl. Jakob Sitter, Die Anfänge des slowenischen Genossenschaftswesens in Südkärnten und deren heutige Struktur, Einordnung und Position in der österreichischen ländlichen Genossenschaftsorganisation unter besonderer Berücksichtigung der Warenorganisation (Phil. Dipl., Linz 1981) S. 51 und vgl. Josef Till, Die Kärntner Slowenen und die Diözese Gurk-Klagenfurt. In: Kärntner Slowenen/Koroški Slovenci 1900-2000. Bilanz des 20. Jahrhunderts, ed. Andreas Moritsch (Klagenfurt/Celovec - Ljubljana - Wien 2000) 67-169, S.89. In einem Bericht der Landesregierung an das Innenministerium vom 8. März 1921 heißt es: „In dieser Richtung wurde bereits einiges unternommen, indem zehn der kompromittiertesten Geistlichen von südslawischen Diözesen übernommen wurden, zehn weitere befinden sich außer Landes und werden nicht mehr zurückkehren, die Versetzung der Geistlichen im Lande ist bereits in vollem Gange", vgl. Broman, Bruckmüller, Haas u. a., Zgodovina Koroških Slovencev S. 66.

[23] Theodor Veiter, Die slowenische Volksgruppe in Kärnten. Geschichte, Rechtslage, Problemstel-

Die Schule wurde gänzlich in den Dienst deutschnationaler Interessen gestellt. Die Slowenen konnten weder bereits bestehende slowenische Schuleinrichtungen halten, noch private Bildungsanstalten errichten, obwohl ihnen dies laut Artikel 67 des Staatsvertrags von St. Germain zustand.[24] Die utraquistische Schule blieb weiterhin bestehen und wurde später von der Kärntner Schulverwaltung nach der Okkupation Österreichs durch das nationalsozialistische Deutschland als erfolgreiches Instrument der Eindeutschung gefeiert. Laut Veiter waren die Lehrer auch in rein slowenischen Gemeinden ausschließlich Deutsche oder eingedeutschte Slowenen, die es als ihre Aufgabe sahen, „das slowenische Kind zu entwurzeln und deutsch zu machen".[25]

Was es in der Zeit nach der Volksabstimmung bedeutete, ein bekennender slowenischer Lehrer zu sein, beschreibt Danilo Kupper (geboren 1922) folgendermaßen:

Mein Vater war Lehrer. Die Lehrerausbildung hat er in Marburg/Maribor abgeschlossen, danach unterrichtete er in der Untersteiermark, zur Zeit der Volksabstimmung jedoch in Südkärnten, in Möchling/Mohliče. Damals war er auch slowenischer Aktivist. Meine Mutter war eine Bauerstochter. Meine Eltern gingen nach Völkermarkt/Velikovec, da sie meinem Vater eine Stelle als Direktor einer slowenischen Schule angeboten hatten, die dort wieder errichtet werden sollte. [...] Aus dem wurde aber nichts. Nach dem Plebiszit bekam mein Vater keine Stelle mehr. Er bewarb sich um Lehrstellen in den abgelegensten Orten, wohin kein anderer wollte. In solchen Fällen wurde die Ausschreibung zurückgezogen, dass man nicht ihn einstellen musste, den, der als Nationalslowene bekannt war.[26]

Es kam auch zu einer Ausschaltung der slowenischen Sprache aus dem öffentlichen Leben. Zweisprachige Ortstafeln wurden größtenteils entfernt, als Amtssprache war nur Deutsch zugelassen. All diese Maßnahmen standen im Gegensatz zu den, den Slowenen im Staatsvertrag von St. Germain zugesicherten Rechten (siehe Artikel 66, 67 und 68).[27]

---

lung. (Kleine historische Monographien 50, Wien - Leipzig, 1936) S. 70.

[24] Vgl. Broman, Bruckmüller, Haas u. a., Zgodovina Koroških Slovencev S. 63.

[25] Vgl. Veiter, slowenische Volksgruppe, S. 70.

[26] Danilo Kupper, Pregon takoj ali šele pozneje. In: Po sledovih. Pričevanja Koroških Slovencev 1920-1945, ed. Slovenska prosvetna zveza. (Celovec/Klagenfurt 1991)46-49, S. 46.

[27] Vgl. Theodor Veiter, Volksgruppenrecht 1918-1938 (Wien 1980) S. 38.

Minderheitenfeindliche Organisationen, der Kärntner Heimatbund

Die Politik der Germanisierung wurde durch den, in den Tagen des so genannten Abwehrkampfes gegründeten Kärntner Heimatdienstes (KHD) unterstützt. Das höchste Ziel des KHD[28] damals war es, Kärnten ein für alle Mal deutsch zu machen. Zunächst teilte man die Slowenen in zwei Gruppen, in deutschfreundliche und nationalbewusste Slowenen. Deutschnationale Sprachwissenschaftler, Historiker und Volkskundler entwickelten eine pseudowissenschaftliche Windischentheorie, um einen deutsch-slawischen Mischethnos[29] zu bezeichnen, der sich angeblich während des Jahrhunderte langen Zusammenlebens von Slowenen und Deutschen entwickelt hatte. Laut Martin Wutte waren es die „Windischen", die die Volksabstimmung für Österreich entschieden hatten, während die „Nationalslowenen" für den SHS-Staat gestimmt hatten und als Feinde des Deutschtums anzusehen waren.[30]

Während deutschfreundliche Slowenen, also „Windische", mit wirtschaftlicher Unterstützung rechnen konnten, war der KHB - ohne den kaum eine finanz- oder personalpolitische Frage der Südkärntner Region entschieden wurde - bestrebt, nationalbewusste Slowenen in ihrem wirtschaftlichen Fortkommen zu beeinträchtigen. Besondere Bedeutung erlangte die auf Initiative des KHB entstandene Kärntner Bodenvermittlungsstelle, die

---

[28] Nach dem Austritt der Sozialdemokraten im Jahre 1924 wurde der KHD als private Organisation unter dem Namen Kärntner Heimatbund (KHB) weitergeführt.

[29] Martin Wutte schreibt in seiner Studie Folgendes: „Wir haben bisher von „heimattreuen" Slowenen gesprochen. Man pflegt sie auch als „deutschfreundliche" Slowenen zu bezeichnen. Diese Bezeichnungen sind nicht ganz zutreffend. Denn die „heimattreuen" oder die „deutschfreundlichen" Slowenen sind ihrem Wesen nach nicht eigentliche Slowenen. Sie bilden vielmehr eine im Gegensatz zu den nationalen Slowenen stehende Mittelschicht, die nach Abstammung und Sprache einen Mischtypus darstellt, aber durch ihre Schicksals-, Lebens- und Kulturgemeinschaft mit den Deutschen sowie durch ihre gefühlsmäßige Einstellung und ihr folgerichtiges, seit den Anfängen der nationalen Frage in Kärnten ununterbrochenes Verhalten gegenüber den slowenischnationalen Bestrebungen völkisch [sic] viel eher zu den Deutschen als zu den Slowenen gehört". Martin Wutte, Deutsch-Windisch-Slowenisch, (Klagenfurt, 1927) S. 21.

[30] Vgl. Andreas Pittler, Koroški Slovenci in Prva republika. In: Po seldovih. Pričevanja Koroških Slovencev 1920-1945. ed. Slovenska prosvetna zveza (Celovec/Klagenfurt 1991) 13-19, S.16f., vgl. Broman, Bruckmüller, Haas u. a., Zgodovina Koroških Slovencev S. 68f und vgl. Andreas Moritsch, Nationale Ideologien in Kärnten. In: Kärntner Slowenen/Koroški Slovenci 1900-2000. Bilanz des 20. Jahrhuderts, ed. Andreas Moritsch (Klagenfurt/Celovec - Ljubljana - Wien 2000) 9-28, S. 24

herabgekommene slowenische Bauerhöfe unterm Preis aufkaufte und sie dann Deutschkärntnern oder reichsdeutschen Siedlern „vermittelte". Die Bodenvermittlungsstelle brachte auf diese Art bis 1933 beinahe 200 Höfe slowenischer Bauern in deutsche Hände.[31]

Die Erneuerung slowenischer Organisationen

In diesem der Minderheit gegenüber feindlich gesinnten Kärnten mussten sich die Slowenen nun daran machen, ihre politischen, kulturellen und wirtschaftlichen Organisationen neu aufzubauen. Dies wurde ihnen einerseits durch die Tatsache, dass die slowenische Intelligenz das Land größtenteils verlassen hatte, erschwert, andererseits setzten die Behörden alles daran, die Slowenen bei der Wiederbelebung ihrer Organisationen zu behindern.

Politisch organisierten sich die Slowenen im *Politischen und wirtschaftlichen Verein der Kärntner Slowenen* (*Politično in gospodarsko društvo za Slovence na Koroškem*), dessen Organ, das kulturpolitische Wochenblatt *Koroški Slovenec*, von März 1921 bis April 1941 herausgegeben wurde.[32] Der Verein, der sich der Wahrung des nationalen Besitzstandes, der Volksbildung und der Pflege des Wirtschaftslebens widmete, wurde von den deutschnationalen Parteien bzw. Gruppierungen scharf bekämpft.[33]

Im März 1922 wurde der *Slowenische christlichsoziale Verband* (*Slovenska krščanska socialna zveza*), eine Dachorganisation der örtlichen Bildungsvereine, gegründet. Die Bildungsvereine veranstalteten Vortragsabende und Haushaltskurse, pflegten Chorgesang und Laienspiel und hatten ihre eigenen Bibliotheken. Wichtig waren auch die von den Bildungsvereinen organisierten Slowenischkurse, da den Slowenen praktisch kaum Bildung in ihrer Muttersprache zuteil wurde. Diese Kurse wurden trotz häufiger behördlicher Schikanen und manchmal sogar tätlicher Angriffe abgehalten.[34]

---

[31] Vgl. ebd.

[32] Allerdings musste der *Koroški Slovenec* in Wien gedruckt werden, weil sich in Kärnten keine Druckerei fand, welche die Zeitung hergestellt hätte.

[33] Vgl. Broman, Bruckmüller, Haas u. a., Zgodovina Koroških Slovencev S. 73f.

[34] Vgl. ebd. S. 76 und vgl. Augustin Malle, Die Lage der Slowenen in der Zwischenkriegszeit. In: Die

Das schon in der Habsburgermonarchie starke slowenische Genossenschaftswesen wurde nach der Volksabstimmung wieder aufgebaut. Im Februar 1921 entstand der *Verband der Kärntner Genossenschaften* (*Zveza slovenskih zadrug*)[35], dessen Tätigkeit ständig durch die Missgunst der Behörden behindert wurde. Das Bestehen slowenischer Genossenschaften war jedoch für die Volksgruppe von enormer Bedeutung, da die deutschnationalen Verbände versuchten, mit ihrer Kredit- und Subventionspolitik, die slowenische Minderheit zu schwächen. Die effektivste Organisation der Slowenen in Kärnten war in den Jahren vor dem Zweiten Weltkrieg der 1932 entstandene *Bauernbund* (*Kmečka zveza*), der als drittstärkste Fraktion in die Kärntner Landwirtschaftskammer einzog. In diesem Gremium – und nur in diesem – waren die Slowenen angemessen vertreten.[36]

Verhandlungen über eine Kulturautonomie für die Kärntner Slowenen (1925 – 1930)

Die zwischen 1925 und 1930 geführten Verhandlungen über eine Kulturautonomie für die Kärntner Slowenen bilden ein entscheidendes Ereignis in der Geschichte der slowenischen Minderheit. Unter Bezugnahme auf die Versprechen der Provisorischen Kärntner Landesversammlung vom 28. September 1920, die den Slowenen ein „geistiges" und „wirtschaftliches" Aufblühen zugesichert hatte, begann man im November 1925 über die etwaige Zuerkennung einer Kulturautonomie zu diskutieren, die den Slowenen das Recht auf eine eigenständige Regelung ihrer kulturellen Angelegenheiten und die Gründung slowenischer Schulen gewähren sollte.[37] Die

---

Deportation slowenischer Familien aus Kärnten 1942, ed. Österreichische Liga für Menschenrechte (Wien 2004) 37-46, S. 42f.

[35] 1921 zählte der Verband 33 Genossenschaften, 1924 betrug ihre Zahl bereits 45. Vgl. Sitter, Anfänge des slowenischen Genossenschaftswesens S. 54.

[36] Vgl. Broman, Bruckmüller, Haas u.a., Zgodovina Koroških Slovencev S. 76 – 78, vgl. Pittler, Koroški Slovenci in Prva republika S. 19 und vgl. Malle, Lage der Slowenen in der Zwischenkriegszeit S. 39.

[37] Vgl. Malle, Lage der Slowenen in der Zwischenkriegszeit S. 40f und vgl. Pittler, Koroški Slovenci in Prva republika S. 17f.

deutschen Landtagsparteien legten 1927 ein Modell vor, welches allen Slowenen, die sich durch Eintragung in einen nationalen Kataster zur slowenischen Minderheit bekennen würden, eine Kulturautonomie garantieren sollte.[38]

Den Vertretern der slowenischen Volksgruppe war jedoch klar, dass sich viele Slowenen aus politischen und wirtschaftlichen Gründen nicht zu ihrer Nationalität bekennen würden und dass dies wieder zu einer Spaltung der Volksgemeinschaft führen würde. Martin Wutte hat die Überlegungen der Deutschnationalen bezüglich des Gesetzesentwurfes zur Kulturautonomie in Worte gefasst: „Durch die Anlegung des nationalen Katasters wird eine Scheidung eintreten und glaube ich, dass sich in den Kataster nicht mehr als 15.000 Slowenen eintragen werden, sodass sie nach außen hin nicht mehr mit einer Ziffer von 50.000 operieren können".[39] Es war also klar, dass die Deutschnationalen die Autonomie schlicht als Instrument einer weiteren Schwächung und Spaltung der Volksgruppe einsetzen wollten.

Der slowenische Abgeordnete Franc Petek akzeptierte nach langen Diskussionen mit anderen politischen Vertretern der Slowenen den nationalen Kataster, allerdings verlangte er die Übergabe der utraquistischen Schulen in die Selbstverwaltung der Slowenen. Die Forderung der Slowenen wurde von den Kärntner deutschen Parteien jedoch abgelehnt, was die Verhandlungen schließlich scheitern ließ.[40]

Die Kärntner Slowenen im autoritären Ständestaat (1934 – 1938)

Die Kärntner Slowenen verhielten sich dem ständestaatlichen Regime gegenüber äußerst loyal. Sie waren bereit, beim Aufbau des neuen Staates

---

[38] „Mitglied der Volksgemeinschaft wird jeder in Kärnten wohnhafte Landesbürger, der sich hiezu bekennt. Dieses Bekenntnis erfolgt durch freiwillige Meldung zur Eintragung in das slowenische Volksbuch, in das sich jeder Kärntner Landesbürger, ohne Unterschied des Geschlechts, der vor dem 1. Jänner des laufenden Jahres das 20. Lebensjahr überschritten hat und vom Wahlrecht in den Kärntner Landtag nicht ausgeschlossen ist, aufnehmen lassen kann". § 3 (1) aus dem Entwurf des Gesetzes über die Selbstverwaltung der slowenischen Minderheit, von den Obmännern der sozialdemokratischen Partei, des Landbundes sowie der in der Einheitsliste vereinigten Christsozialen Partei und der Großdeutschen Volkspartei am 14. Juli 1927 im Kärntner Landtag als Antrag eingebracht.

[39] Haas, Österreich und seine Slowenen S. 56.

[40] Vgl. Malle, Lage der Slowenen in der Zwischenkriegszeit S. 41.

mitzuarbeiten, leisteten ihren Beitrag zum Aufbau der Vaterländischen Front, verlangten aber im Gegenzug dazu eine gerechte Behandlung der Minderheit. Besonders die Berücksichtigung der Muttersprache im Schulwesen war ihnen ein Anliegen. Die anfänglichen Hoffnungen auf entsprechende Änderungen wurden jedoch nicht erfüllt. Auch wenn die Spitzen in Wien einigen Anliegen der Slowenen wohlwollend begegneten, so scheiterten diese an den deutschnationalen Kräften in Kärnten.

Obwohl sich die Slowenen vor und insbesondere während des nationalsozialistischen Putschversuches im Juli 1934 als sehr staatstreu gezeigt hatten[41], mussten sie durch das keineswegs minderheitenfreundliche Verhalten bei der Volkszählung 1934 erneut eine Kränkung erfahren. So wurde nicht mehr nach der Umgangssprache wie zu Monarchiezeiten, aber auch nicht mehr nach der „Denksprache" wie bei der Volkszählung 1923 gefragt, sondern nach der Zugehörigkeit zum deutschen oder slowenischen Kulturkreis. Wagte man es, sich zum slowenischen Kulturkreis zu bekennen, so lief man Gefahr, des Irredentismus bezichtigt zu werden. Zusätzlich zur gezielten Anwendung des Bekenntnisprinzips förderte man die amtliche Dezimierung auch noch durch das Einsetzen parteiischer Zählkommissäre. Somit sank der Anteil der Slowenen an der Gesamtbevölkerung Kärntens von 10,1 Prozent im Jahre 1923 auf 6,6 Prozent im Jahre 1934.[42]

Der „Anschluss"

Obwohl die Bilanz des Ständestaates für die Kärntner Slowenen eigentlich eine negative war, unterstützte die Minderheit das autoritäre Regime bis

---

[41] 1937 berichtete die Kärntner Landesführung der Vaterländischen Front nach Wien, dass sich die Slowenen von 1932 bis zum Juliputsch und insbesondere während des Putsches „staatstreuer gezeigt hatten, als so manche ihrer Gegner, die sich als deutsch bezeichneten". Die „erdrückende Mehrheit der bewussten Slowenen" sei „in kritischen Zeiten zumindest loyal zu Österreich gestanden", „wogegen (wir sagen leider) von den betont Nationalen dies wohl niemand sagen dürfte". Sicherheitsdirektor für Kärnten am Bundeskanzleramt, Generaldirektion für die öffentliche Sicherheit, 7.9.1934, zitiert nach Tina Bahovec, Die Kärntner Slowenen 1930-1941. In: Kärntner Slowenen/Koroški Slovenci 1900-2000. Bilanz des 20. Jahrhunderts, ed. Andreas Moritsch (Klagenfurt/Celovec - Ljubljana - Wien 2000) 235-162, S. 250f.

[42] Vgl. Broman, Bruckmüller, Haas u. a., Zgodovina Koroških Slovencev S.86 und vgl. Haas, Österreich und seine Slowenen S. 67-70.

zu den kritischen Märztagen 1938. Noch einen Tag vor dem Einmarsch deutscher Truppen in Österreich, nämlich am 11. März 1938, wurde eine Sonderausgabe des *Koroški Slovenec* gedruckt, die die Kärntner Slowenen dazu aufforderte, bei der Volksabstimmung am 13. März für die Unabhängigkeit Österreichs zu stimmen.[43]

Nach der Machtübernahme der Nationalsozialisten bemühte sich die Führung der Kärntner Slowenen jedoch um ein gutes Verhältnis mit den neuen Machthabern. Es galt nun der Minderheit das Überleben zu sichern und antislowenische Maßnahmen möglichst gering zu halten. Es war der starke politische Druck und die Angst vor den Folgen eines Nicht-Entsprechens, welche die slowenischen Organisationen dazu veranlassten, ihrer Anhängerschaft zu empfehlen, bei der Volkabstimmung am 10. April 1938 mit „Ja" zu stimmen[44], was auch zu fast 100 Prozent geschah.[45] In seinen Erinnerungen erklärt Petek das Stimmverhalten der Kärntner Slowenen damit, dass es ihnen bewusst war, dass ihre „physische Rettung" davon abhing.[46] Eine berührende Schilderung der damaligen Situation liefert der Pfarrer Anton Kuchling in der Pfarrchronik Feistritz an der Gail/Bistrica na Zilji:

Auch meine arme Mutter, eine 77-jährige Frau, stimmte an diesem Tag für Deutschland, wo sich doch alles in ihr als einer bewussten Slowenin, die gerne jeden Tag für die slowenische Sache gestimmt hätte, dagegen wehrte, und sie stimmte mit ihrem Leben. Es war ein schlimmer Tag. Man wusste, wenn man nicht mit „ja" stimmte, ist man verloren. So stimmte alles mit „ja".

---

[43] Vgl. Bahovec, Käntner Slowenen 1930-1941 S. 254f und vgl. Mirko Messner, Koroški Slovenci in leto 1938. In: Po sledovih. Pričevanja Koroških Slovencev 1920-1945, ed. Slovenska prosvetna zveza. (Celovec/Klagenfurt 1991) 75-80, S.75.

[44] Am 30.März wurde in *Koroški Slovenec* ein Aufruf zur Abstimmung veröffentlicht: „Kärntner Slowenen, [...] wir werden geschlossen mit: Ja! stimmen. Wieso? Der Nationalsozialismus Adolf Hitlers erklärt das Volkstum zur göttlichen Sache und betrachtet die Untreue oder Gegnerschaft gegenüber dem Volk, in welches jemand geboren ist, als widernatürlich und daher beschämend.... Wie diese Grundsätze für die Deutschen und das deutsche Volk Geltung haben, so gelten sie nach den Aussagen der Führer Großdeutschlands im selben Maße auch für die nationalen Minderheiten. Wir Kärntner Slowenen werden sie am 10. April d.J. mit unserer Stimmabgabe für Adolf Hitler bestätigen". Valentin Sima, Der Anschluss mit besonderer Berücksichtigung der Kärntner Slowenen. In: Das gemeinsame Kärnten. Skupna Koroška. Volksgruppenproblematik 1938-1985, ed. Deutsch-slowenischer Koordinationsausschuss des Diözesanrates (Klagenfurt 1985), 14-30, S.19.

[45] Vgl. Broman, Bruckmüller, Haas u. a., Zgodovina Koroških Slovencev S. 88f.

[46] Vgl. Franc Petek, Iz mojih spominov (Ljubljana Borovlje/Ferlach 1979) S. 202.

Feistritz stimmte 100%ig für Großdeutschland, für den Führer, für Hitler.[47]

Es war wahrlich ein heroischer Akt am 10. April 1938 gegen den Anschluss zu stimmen. Janko Tolmajer beschreibt den Abstimmungsvorgang folgendermaßen:

„Es gab eine Kommission, aber es gab keine Wahlkabinen. Einer aus der Kommission schob dir einen Zettel zu und zeigte: Da mach das Kreuz! Was hättest du denn anderes machen wollen? In Mieger/Medgorje hat man schon am nächsten Tag jemanden verfolgt, der mit nein gestimmt hat. Bei uns aber gab es niemanden und wir wurden gelobt: Führergemeinde, 100 Prozent.[48]

Auch Lojzka Boštjančič erzählt Ähnliches:

Es gab zwei Kreise, einen großen und einen kleinen. Die Leute kamen zu Wahlen und die Kommission sagte: „Macht das Kreuz gleich da in den großen Kreis, dann wird es richtig sein“. Das war alles öffentlich, Kabinen gab es zwar, aber keiner hat sich hineingetraut.[49]

Trotz des massiven Druckes, dem die Bevölkerung während der Abstimmung seitens der Nationalsozialisten ausgesetzt war, kam es in einigen slowenischen Gebieten bereits zu ersten Formen des Widerstandes. Einen besonders hohen Anteil von Nein-Stimmen gab es in den Gerichtsbezirken Bleiburg/Pliberk, Eisenkappel/Železna Kapla, Bad Vellach/Bela und Ferlach/Borovlje, die Gegenden, die einige Jahre später zu Zentren des bewaffneten Widerstandes zählten.[50]

Wurde den Kärntner Slowenen vor der Volksabstimmung die Erfüllung ihrer nationalen Rechte in Aussicht gestellt, so musste die Minderheit bald erkennen, dass die Nationalsozialisten ein gänzlich anderes Programm verfolgten. Zwar waren die Slowenen die Germanisierungsmaßnahmen und die Unterdrückung in allen Bereichen des Lebens schon aus den vorigen Jahren und Jahrzehnten gewöhnt, doch nun „bildete sich jenes Herr-

---

[47] Zitiert nach Bahovec, Kärntner Slowenen S. 258.

[48] Janko Tolmajer, Hitlerjeva občina. In: Po sledovih. Pričevanja Koroških Slovencev 1920-1945, ed. Slovenska prosvetna zveza. (Celovec/Klagenfurt 1991) 91-93, S.92.

[49] Lojzka Boštjančič, Materinska križ. In: Po sledovih. Pričevanja Koroških Slovencev 1920-1945, ed. Slovenska prosvetna zveza. (Celovec/Klagenfurt 1991) 99-101, S.100.

[50] Vgl. Till, Kärntner Slowenen und die Diözese S. 108 und vgl. Valentin Sima, Gewalt und Widerstand. In: Kärntner Slowenen/Koroški Slovenci 1900-2000. Bilanz des 20. Jahrhunderts, ed. Andreas Moritsch (Klagenfurt/Celovec - Ljubljana - Wien 2000) 263-280, 275f.

schaftssystem in Österreich, das in aller Offenheit das verwirklichte, was in Kärnten bisher an antislowenischer Politik nicht öffentlich, sondern nur halb im Verborgenen existiert hatte oder nur Programm geblieben war".[51]

Die Folgen des Anschlusses für die Kärntner Slowenen

Zwar hat sich die Lage für die Slowenen in Kärnten mit dem „Anschluss" Österreichs an das deutsche Reich dramatisch verschlechtert, aber doch kann man bis zum Überfall Deutschlands auf Jugoslawien 1941 noch von einer „gemäßigteren antislowenischen Politik" der Nationalsozialisten sprechen. Durch diese Vorgehensweise wollten sich die Nationalsozialisten vor dem 10. April 1938 vor allem ein möglichst hundertprozentiges Ergebnis bei der Volksabstimmung sichern, zum anderen wollten sie ihre freundschaftlichen außenpolitischen Beziehungen zum Königreich Jugoslawien wahren.[52]

Trotz der noch etwas vorsichtigeren Vorgehensweise begann die Verfolgung nationalpolitisch aktiver Slowenen direkt nach dem „Anschluss". Vor allem einige Funktionäre der Partei der Kärntner Slowenen und Mitglieder slowenischer Kultureinrichtungen waren davon betroffen. Schon im März 1938 wurde der Pfarrer von St. Kanzian und ehemalige Landtagsabgeordnete Vinko Poljanec[53] verhaftet. Auch der Vorsitzende des slowenischen Kulturverbandes Joško Tischler wurde in den nächsten Tagen verhaftet und am selben Tag wieder freigelassen, im folgenden Jahr jedoch nach Bregenz versetzt. Dies war aber erst der Anfang, denn im Dezember 1938 wurde der Chorleiter des Slowenischen Kulturverbandes, Valentin Hartmann, von der Gestapo verhaftet. Einen Monat später wurden auch der Sekretär des Slowenische Kulturverbandes Rado Wutej und der Volksschullehrer Franc

---

[51] Haas, Österreich und seine Slowenen S. 74.
[52] Vgl. Bahovec Tina, Kärntner Slowenen S.256 und Vgl. Broman, Bruckmüller, Haas u. a., Zgodovina Koroških Slovencev S. 88.
[53] Siehe auch Kapitel 3.1.1 Über das Leben und die wichtigen Ereignisse in St. Kanzian vom Anfang des 20. Jahrhunderts bis Kriegsende, S 66f.

Aichholzer festgenommen und ins KZ Buchenwald gebracht.[54] Außerdem wurden zur selben Zeit auch noch sechs slowenische Priester festgenommen. Wie konsequent die Nationalsozialisten ihre Germanisierungspolitik verfolgten und wie eilig sie es damit hatten, zeigte sich bei der Volkszählung im Mai 1939, als zwar nach der Muttersprache gefragt wurde, allerdings getrennt nach Slowenisch und „Windisch“. Erhoben wurde außer der Muttersprache auch die „Volkszugehörigkeit“. Von den 43.179 Kärntnern, die Slowenisch oder „Windisch“ als ihre Muttersprache angaben, bekannten sich lediglich 7715 auch zur slowenischen Volkszugehörigkeit. Mithilfe der Resultate der Volkszählung wusste man also um die Zahl der nichteindeutschungswilligen Nationalslowenen Bescheid, erklärte man die Gruppe derer, die sich zur deutschen Volkszugehörigkeit bekannten als eindeutschungsfähig und bereit zur Assimilation, so sollte die zweite Gruppe der Nationalslowenen möglichst aus Kärnten entfernt werden.[55] Obwohl sich sehr viele Kärntner Slowenen dem Druck der Nationalsozialisten beugten, bewiesen jene großen Mut, die sich trotz allem zu ihrer Muttersprache bekannten. Franc Černut beschreibt in seinen Erinnerungen an die Volkszählung 1939, wie seine Großmutter trotz mehrmaliger Überzeugungsversuche des Volkszählers auf die Eintragung ihrer slowenischen Muttersprache beharrte:

Die Eltern waren sich dessen bewusst, dass sie nichts Gutes erwarten würde, höchstens etwas Schlechtes. Noch vor allem wegen dieser Volkszählung im Jahr 39. Damals war die Oma noch bei uns. Bei uns war ein Volkszähler und der hatte schon vorher eingetragen gehabt: Muttersprache Deutsch,

---

[54] Vgl. Valentin Sima, Die Vertreibung von Kärntner Slowenen 1942. Vorgeschichte, Reaktionen und Interventionen von Wehrmachtsstellen. In: Narodu in državi sovražni. Pregon Koroških Slovencev 1942. Volks- und staatsfeindlich. Die Vertreibung von Kärntner Slowenen 1942, ed. Avguštin Malle, Valentin Sima (Celovec/Klagenfurt 1992) 133-209, S.141 und vgl. Teodor Domej, Prvo leto Koroških Slovencev pod kljukastim križem. In: Der Anschluss und die Minderheiten in Österreich. Anšlus in manjšine v Avstriji, ed. Avguštin Malle, Valentin Sima (Klagenfurt/Celovec 1989), 66-88, 68-70.

[55] Vgl. Broman, Bruckmüller, Haas u. a., Zgodovina Koroških Slovencev S. 90, vgl. Hanns Haas, Kärntner Slowenen - Geschichte als politische Information. In: Aufsätze zur Geschichte der Kärntner Slowenen, ed. Hanns Haas (Salzburg, Univ. Habil.-Schr., 1977/1978) 83-93, S.91 und vgl. Theodor Domej, O ponemčevanju Južne Koroške za časa nacizma in odmevi nanj (1938-1942). In: Narodu in državi sovražni. Pregon Koroških Slovencev 1942. Volks- und staatsfeindlich. Die Vertreibung von Kärntner Slowenen 1942, ed. Avguštin Malle, Valentin Sima (Celovec/Klagenfurt 1992) 210-231, S.211.

Windisch. Dann hat die Oma gesagt: „Das stimmt nicht, dass müssen sie ändern". „Ja, ja, ist schon in Ordnung" und räumte zusammen und ging. Die Oma gab aber keine Ruhe und sagte: „Ich kann das nicht ertragen, das müssen sie umändern". Schließlich hatte der Volkszähler einleitend auch gesagt: „Jede unwahre Angabe kann strafbar sein". Und die Oma sagte: „Das stimmt nicht, das ist eine Lüge. Wir sind weder Windische, noch Deutsche". [...] Und wirklich machte sich die Mutter noch einmal auf den Weg zum Volkszähler und sagte ihm, dass sie verlange, dass dies geändert wird. Er versuchte sie noch einige Zeit zu überreden, dass dies eine Dummheit sei und dass dies Folgen haben könnte. Die Mutter sagte aber: „Ohne Rücksicht auf die Folgen, verlange ich, dass man dies ändert". Er sucht diesen Fragebogen heraus und sagte: „Na gut, aber die Konsequenzen haben sie sich selber zuzuschreiben". Das war seine Antwort, an das erinnere ich mich noch, als die Mutter nach Hause kam, dass er geschrieben hatte: Muttersprache-Slowenisch-Deutsch.[56]

Zügig schritt man auch zur Abschaffung der spärlichen Reste des zweisprachigen Schulwesens. Bereits im Schuljahr 1938/39 wurde die utraquistische Schule gänzlich abgeschafft, slowenischsprachige Lehrer wurden in ausschließlich deutschsprachige Gebiete versetzt. Eine Ausnahme machte man vorläufig noch beim Religionsunterricht, der noch in der Muttersprache erteilt werden durfte. Da die meisten Südkärntner Kinder bei der Einschulung kaum Deutsch sprachen, wurden sogenannte „Erntekindergärten" eingerichtet, deren primäres Ziel die Germanisierung der Vorschulkinder war.[57]

Zwar hatte der Kärntner Heimatdienst bzw. Kärntner Heimatbund schon seit den Zwanzigerjahren antislowenische Siedlungspolitik betrieben, aber

---

[56] Franz Černut, Knjige v seno. In: Po sledovih. Pričevanja Koroških Slovencev 1920-1945, ed. Slovenska prosvetna zveza. (Celovec/Klagenfurt 1991) 105-109, S.106f.

[57] Vgl. Broman, Bruckmüller, Haas u. a., Zgodovina Koroških Slovencev S. 90f, vgl. Domej, Das Schulwesen S. 35, vgl. Messner, Koroški Slovenci S.79, vgl. Valentin Sima, Die Deportation slowenischer Familien aus Kärnten I. Rahmenbedingungen, Präludium und Vorbereitung. In: Die Deportation slowenischer Familien aus Kärnten 1942, ed. Österreichische Liga für Menschenrechte (Wien 2004) 61-75, S.63 und vgl. Valentin Sima, Vertreibung slowenischer Familien als Höhepunkt deutschnationaler Politik in Kärnten. In: Die Vertreibung der Kärntner Slowenen. Pregon Koroških Slovencev, ed. Avguštin Malle (Klagenfurt/Celovec 2002) 133- 170, S.146f.

erst mit dem deutsch-italienischen Abkommen über die Umsiedlung der Südtiroler drohte den Kärntner Slowenen konkret die Gefahr der Aussiedlung. Außer den Südtirolern sollten auch Kanaltaler in Kärnten angesiedelt werden. Der Leiter der Volkstumsstelle in Klagenfurt, Alois Maier-Kaibitsch, wurde mit der Durchführung der Umsiedlungen betraut und schon im September 1940 existierte ein Planungsbericht, der die Ansiedlung von deutschen Bauern in Eisenkappel und Zell Pfarre/Sele vorsah.[58]

Das Schicksal der Slowenen in Kärnten in den Jahren zwischen 1941 und Kriegsende 1945

Nach der Besetzung Jugoslawiens, nach der sich das Deutsche Reich die Untersteiermark, das ehemals kärntnerische Mießtal und Oberkrain einverleibte, ließ man alle Rücksichten auf die Kärntner Slowenen fallen. Obwohl es den Kärntner Slowenen schon vor 1941 verboten wurde, in den Kasernen, am Arbeitsplatz und in der Öffentlichkeit Slowenisch zu sprechen oder in den Gasthäusern Slowenisch zu singen und Slowenen nach und nach aus dem öffentlichen Dienst entlassen wurden, wurde die slowenische Sprache im kirchlichen Bereich erst nach der Besetzung Jugoslawiens verboten. Die Maßnahmen der Nationalsozialisten gegen alles Slowenische richteten sich nun nicht mehr nur auf den staatlich-öffentlichen Bereich (Kindergärten, Schulen, Ämter und Behörden), sondern umfassten nun auch den „privaten", also nicht-staatlichen Bereich.[59] Die Nationalsozialisten ordneten letztlich auch die Entfernung aller slowenischen Aufschriften in den Kirchen und auf den Grabsteinen an, eine Forderung, der sich Pavle Zablatnik erfolgreich widersetzte. 1941 bekam er vom Ortsgruppenleiter den Befehl, die slowenischen Aufschriften an den Stationen des Kreuzweges sofort zu entfernen. Zablatnik ignorierte den Befehl, da ein solcher damals vom Landrat hätte kommen sollen. Nachdem der Ortsgruppenleiter den Befehl wiederholte und sich Zablatnik noch immer weigerte, ihm Folge zu leisten, musste er auf die Gendarmerie:

---

[58] Vgl. Broman, Bruckmüller, Haas u. a., Zgodovina Koroških Slovencev S. 91.
[59] Vgl. Ebd. S. 89-92 und vgl. Sima, Gewalt und Widerstand S. 266.

Dort attackierte er mich: „Die Partei bedeutet ihnen nichts?". Ich bat den Wachtmeister Zeuge zu sein: „Herr Wachtmeister, habe ich denn gesagt, dass die Partei nichts ist?" „Ganz und gar nicht", antwortete er. Auf diese Art und Weise habe ich ihn verunsichert. Vor dem Wachtmeister habe ich ihn blamiert, sodass er am Ende nachgab und sagte: „Sagen sie mir Herr Pfarrer, warum studieren sie acht Jahre und danach noch vier Jahre Theologie?" Um den schlechten Eindruck, den er gemacht hatte, zu überspielen, begann er schlicht mit mir über Glaubensfragen zu diskutieren. Und wir unterhielten uns angenehm, sodass er am Ende sagte: „Ich wusste gar nicht, dass es so angenehm ist, sich mit ihnen zu unterhalten"[60]

Die slowenischen Aufschriften blieben in Zablatniks Pfarre St. Margarethen ob Töllerberg/ Šmarjeta pri Velikovcu bis 1943 bestehen. Diesmal kam der Befehl von der Gestapo, und Zablatnik kam nicht umhin, ihm Folge zu leisten. Allerdings hat er die Aufschriften weder übermalt noch übertüncht; er überdeckte sie lediglich mit goldenem Papier, das er an den Enden vorsichtig befestigte. Am 8. Mai 1945 war dieses Papier in einigen Minuten entfernt.[61]
Seit 1939 wurden slowenische Kulturveranstaltungen immer häufiger verboten, nicht einmal Koch- und Haushaltungskurse waren erlaubt. Örtlichen Laienspielgruppen wurde es untersagt, ihre Stücke aufzuführen. 1941 kam es dann zur völligen Auflösung slowenischer Kulturvereine mitsamt ihrer Dachverbände und zur Einziehung ihres Vermögens. Auch das Erscheinen der slowenischen Wochenzeitung *Koroški Slovenec* wurde eingestellt. Weiters kam es zu einer Vertreibung slowenischer Geistlicher, der insgesamt 67 Priester zum Opfer fielen.[62]
Milena Gröblacher beschreibt die Zeit nach dem Überfall auf Jugoslawien folgendermaßen:
Mit dem Überfall um Ostern 1941 endete jegliche öffentliche kulturelle Arbeit. Unter den Slowenen wurde es damals sehr ruhig.[...]Danach [nach dem Überfall auf Jugoslawien] verjagten die Deutschen sofort den Pfarrer und

---

[60] 59 Pavle Zablatnik, Poti po uradih. In: Po sledovih. Pričevanja Koroških Slovencev 1920-1945, ed. Slovenska prosvetna zveza. (Celovec/Klagenfurt 1991) 81-83, S.83.
[61] Vgl. ebd. S. 82f.
[62] Vgl. Broman, Bruckmüller, Haas u. a., Zgodovina Koroških Slovencev S. 92 und vgl. Sima, Gewalt und Widerstand S. 266f.

noch einige andere Kirchenmänner. Das war die erste Aktion, dass sie die Pfarrer isolierten, weil es andere slowenische politische Kräfte in St. Kanzian/Škocjan nicht gab. Die Bibliothek haben sie damals vernichtet, das was noch blieb, was wir nicht schon früher weggebracht hatten. Der Verein [Kulturverein] wurde aufgelöst und nach all dem machte sich unter unserer Bevölkerung, der bewussten [slowenisch bewussten] und nicht bewussten, unter denen, die wussten, um was es ging, und unter jenen, die nur ahnten, dass etwas passieren würde, eine große Niedergeschlagenheit breit. Unter uns allen. Niemand wusste, wen der erste Stein treffen würde. Und von da an begannen die Nazis ihre Ausschüsse schneller zu formieren. Früher lief das langsamer, nach diesem Überfall aber wurden diese Parteiausschüsse schneller gebildet.[63]

Im Frühjahr 1941 löste die Gestapo auf gewaltsame Weise das „Problem" der slowenischen Genossenschaften, indem sie in die Genossenschaftsgebäude eindrang, Schlüssel und Geschäftsbücher beschlagnahmte und die Genossenschaften unter kommissarische Leitung stellte. In weiterer Folge wurden die slowenischen Genossenschaften von den deutschen einverleibt, ihre Mitglieder ausgeschieden, die Funktionäre abgesetzt und das Vermögen eingezogen.[64]

Die Aussiedlung der Kärntner Slowenen im April 1942

Über die Aussiedlung der Kärntner Slowenen, der 1075 Slowenen zum Opfer fielen, ist viel Berührendes aufgezeichnet und geschrieben worden.[65] Zum 60. Jahrestag der Aussiedlung gab der Verband der slowenischen Ausgesiedelten eine zweisprachige Sammlung von Beiträgen österreichischer Historiker heraus, welche die verschiedenen Aspekte der Vertreibung be-

---

[63] Milena Gröblacher, Poceni marmelada. In: Po sledovih. Pričevanja Koroških Slovencev 1920-1945, ed. Slovenska prosvetna zveza. (Celovec/Klagenfurt 1991) 93-97, S.96.

[64] Vgl. Sima, Deportation.slowenischer Familien S. 64.

[65] Zum Beispiel Andrej Kokot, Das Kind, das ich war. Erinnerungen an die Vertreibung der Slowenen aus Kärnten (Klagenfurt/Celovec 1999).

leuchtet.[66] Anlässlich der Ausstellung „Die Deportation slowenischer Familien aus Kärnten 1942" an der Universität Klagenfurt (27.5 – 25.6.2004), entstand ein gleichnamiges Heft mit Aufsätzen als Beitrag zur Geschichte der Kärntner Slowenen im 20. Jahrhundert.[67]

Schon im Oktober 1939 äußerte Hitler in seiner Reichstagsrede die Notwendigkeit einer neuen „Ordnung der ethnographischen Verhältnisse" in Europa. Dieses Ziel sollte durch Umsiedlungen erreicht werden. Nur einen Tag später betraute Hitler den Reichsführer-SS Heinrich Himmler mit der Durchführung dieser Aufgabe, woraufhin Himmler auch den Titel des Reichskommissars für die Festigung des deutschen Volkstums (RKFDV) trug. Schon im Sommer 1939 wurde über die Umsiedlung der Südtiroler in das Deutsche Reich verhandelt, im Oktober wurde dann auch ein Abkommen geschlossen, welches das Kanaltal mit einbezog.

In einem Schreiben vom 13. Dezember an die Dienststelle des RKFDV meldete der langjährige Geschäftsführer des KHB, Alois Maier Kaibitsch, dass „bereits alle Möglichkeiten für die Ansiedlung von Kanaltaler Bauern in Kärnten geprüft würden und dass sich seine Dienststelle besonders dafür einsetzen werde, dass im gemischtsprachigen Grenzgebiete Kärntens jede Möglichkeit zur Ansiedlung deutscher Grenzbauern ergriffen wird". Alois Maier Kaibitsch wurde in der Zeit des NS-Regimes Leiter verschiedener Stellen, die sich mit Volkstums- und später auch Umsiedlungsfragen beschäftigten, u.a. war er Landesrat, Leiter des Gauhauptamtes für Volkstumsfragen und später Leiter der Dienststelle des Beauftragten des RKFDV. Damit konnte der KHB mit einem Großteil seiner Mitglieder fast unverändert in die NS-Struktur eingebunden werden.[68]

---

[66] Die Vertreibung der Kärntner Slowenen/Pregon Koroških Slovencev 1942/2002, ed. Verband slowenischer Ausgesiedelter, Klagenfurt/Celovec 2002.

[67] Die Deportation slowenischer Familien aus Kärnten 1942, ed. Österreichische Liga für Menscherechte, Wien 2004.

[68] Alois Kaibitsch wurde nach dem Krieg der Prozess gemacht. Die Verhandlung vor dem Volksgericht Graz, Senat Klagenfurt, begann im Oktober 1947. Er wurde in allen Anklagepunkten (vor allem der Vertreibung, Aussiedelung, Enteignung und Umsiedlung der Kärntner Slowenen) schuldig gesprochen. Der Urteilsspruch lautete auf lebenslangen Kerker sowie Verfall seines Vermögens. Zusätzlich musste er auch die Verhandlungskosten tragen. Der Vollzug der Strafe blieb allerdings aus gesundheitlichen Gründen aus. Im Jahre 1956 wurde die Kerkerstrafe aufgehoben. Vgl. Alfred Elste, Michael Koschat, Hanzi Filipič, NS-Österreich auf der Anklagebank. Anatomie eines politischen

Obwohl die Ansiedlung von Kanaltalern schon seit Dezember 1939 vorbe-
reitet wurde, nahmen die Pläne erst mit der Anordnung Nr.46/I Himmlers
vom 25. August 1941 konkrete Gestalt an. Aus diesem Schreiben Himmlers
ging hervor, dass „200 volks- und staatsfeindliche" kärntnerslowenische
Familien ausgesiedelt werden sollten, um für Kanaltaler Deutsche Platz zu
schaffen. Die sogenannte „K-Aktion" begann in den frühen Morgenstunden des 14. April 1942, wobei Betroffene überfallsartig von ihren Höfen
abgeholt wurden. Man geht davon aus, dass lokale NS-Funktionäre bei
der Auswahl der Auszusiedelnden ein gewisses Mitspracherecht hatten.[69]
Unter den Deportierten waren sowohl vermögende Unternehmer und Bauern, wie auch Besitzer kleinster Keuschen und Arbeiter ohne Grundbesitz.
Obwohl der Großteil der Ausgesiedelten Bauern waren, wurden auch viele
Funktionäre der slowenischen Organisationen vertrieben. Deportiert wurden allerdings auch Menschen, die sich in keinster Weise öffentlich für die
Volksgruppe engagiert hatten. Gemeinsam war ihnen allen, dass sie an ihrer slowenischen Muttersprache festhielten, also nicht assimilierungsbereit
waren.[70]
Nur mit dem Allernotwendigsten ausgestattet wurden die Vertriebenen
zunächst in ein Sammellager in Ebenthal/Žrelec gebracht. Katja Sturm-
Schnabl, die zum Zeitpunkt der Deportation erst sechs Jahre alt war, schildert ihre Eindrücke des Lagers in Ebenthal:
*Sie zerrten uns bis zur Straße, dort stand ein roter Autobus. Mit dem brachten
sie uns nach Ebenthal. Dort waren die Baracken, in denen Stroh am Boden
lag, wie bei uns im Stall. Auf diesem Stroh lagen Leute. Es waren sehr viele:*

Schauprozesses im kommunistischen Slowenien (Klagenfurt/Celovec – Ljubljana/Laibach – Wien/
Dunaj 2000) S. 61-63. In Kärnten finden sich immer wieder Stimmen, die die Rolle Maier Kaibitschs
im Nationalsozialismus verharmlosen. Der Kärntner Heimatdienst schrieb im Jahr 1959 über Maier
Kaibitsch Folgendes: *„Maier Kaibitsch hat sein Denkmal im Herzen der Kärntner. Wenn alljährlich
am 10. Oktober von den Bergen die Feuer der Freiheit leuchten, werden auch fürderhin unsere Lands-
leute dieses Mannes gedenken, der aus grenzenloser Liebe zur Heimat den harten Leidensweg ging"*
Ebd.S.63.

[69] Einzelne Betroffene wurden auch wegen innerdörflicher Intrigen wie z.B. Grundstücksstreitereien
oder Ähnlichem, Opfer der Aussiedlungen.

[70] Vgl. Brigitte Entner, Die Deportation slowenischer Familien aus Kärnten II. In: Die Deportation
slowenischer Familien aus Kärnten 1942, ed. Österreichische Liga für Menschenrechte (Wien 2004)
69-75, S. 69f und vgl. Josef Rausch, Der Partisanenkrieg in Kärnten im Zweiten Weltkrieg (Militärhistorische Schriftenreihe 39/40, Wien 1994) S. 11f.

Greise, Frauen, Männer, Kinder jeden Alters. Mit meiner Mutter suchten wir
nach Verwandten und fanden ihre Mutter; eine alte Frau, die damals schon
84 Jahre alt war, sie lag dort auf dem Stroh, die Arme. Neben ihr aber lag ihr
kleinster Enkel, mein Cousin, der damals sechs Monate alt war. [71]

Schon einen Tag später ging der erste Transport ins „Altreich", am 16. April
der zweite. Insgesamt wurden 917 Personen, die Hälfte davon waren Kinder, in verschiedene deutsche Lager überstellt und dort zur Zwangsarbeit
verpflichtet.[72] Obwohl es bezüglich der Art, wie ein Lager geführt wurde,
große Unterschiede gab, und manche ein härteres Los zu ertragen hatten
als andere, unterschied sich der Lageralltag nur in seiner Grausamkeit.

Die Schilderung eines Ereignisses im Lager Frauenaurach, die mich ganz
besonders erschüttert hat, möchte ich an dieser Stelle kurz wiedergeben.
Marija Tolmajer beschreibt in ihren Erinnerungen einen besonders sadis-
tischen Lagerführer:

Wenn nur einer etwas nicht ganz richtig gemacht hatte, hat er alle 300 Leute
auf einmal in den Speisesaal gerufen. Sofort, auch wenn es nur ein Kind
war. Er hat es beim Hals gepackt und es verprügelt. Auch unsere Marjanca
wurde verprügelt. Es waren drei Kinder, drei Mädchen. Er zerrte sie in das
Prügelzimmer. Sie waren ganz blau, ganz blau. Unsere hatte schon Schaum
vor dem Mund. Warum? Es war im Mai. Die Mädchen haben für die Mütter
Blumen gepflückt, für den Muttertag. Jede hat eine Blume gepflückt. Zuerst
hat er ihnen die Blumen weggenommen, sie zerdrückt und den Mädchen
ins Gesicht geschmiert, danach hat er sie in dieses Zimmer gezerrt und ver-
prügelt. Unsere war ganz blau, zusammengeschlagen. So hat er sie in die
Baracke gebracht und sie vor mich hin geworfen. Fast wäre ich gestorben,
alle haben wir geweint, die Kinder mit uns, alles hat geweint. Das Kind war
ja unschuldig.[73]

Der Widerstand gegen die Aussiedlung der Kärntner Slowenen war zwar
gering, aber durchaus vorhanden. Bischof Andreas Rohracher, der Kärnt-

---

[71] Katja Sturm-Schnabl, Tito moj odrešenik. In: Po sledovih. Pričevanja Koroških Slovencev 1920-1945, ed. Slovenska prosvetna zveza. (Celovec/Klagenfurt 1991) 135-140, 135f.

[72] Vgl. Entner, Deportation slowenischer Familien S. 70.

[73] Marija Tolmajer, Umreti doma. In: Po sledovih. Pričevanja Koroških Slovencev 1920-1945, ed. Slovenska prosvetna zveza. (Celovec/Klagenfurt 1991) 155-160, S.158.

ner Dichter Perkonig und Univ. Prof. Dr. Erwin Aichinger waren unter den wenigen, die gegen diese Maßnahmen öffentlich protestierten.[74] In weiterer Folge kam es in Kärnten nur noch zu einigen wenigen Aussiedlungen bis November 1944, meistens mit der Begründung, dass Familienangehörige zu den Partisanen übergelaufen seien. In Kärnten selbst hatte die Deportation nicht den gewünschten Erfolg.[75]

Durch diese Maßnahme hatte die Ablehnung des Regimes auch auf weniger nationalbewusste Slowenen übergegriffen und es wird angenommen, dass die Vertreibungsaktion 1942 der Anstoß für die Entwicklung der massenhaften Unterstützung des bewaffneten Partisanenwiderstandes durch die slowenische Bevölkerung war.[76]

Der bewaffnete Widerstand – der Partisanenkrieg in Kärnten

Erste Formen des Widerstandes

Die Deportation vom April 1942 und die der Vertreibung vorangegangenen Repressalien hatten den Slowenen vor Augen geführt, dass es für einen Kärntner Slowenen keine Möglichkeit gab, in der Heimat zu überleben.[77] Es war letztlich diese Erkenntnis, die viele Slowenen dazu brachte, die Widerstandsbewegung zu unterstützen.

In der ersten Zeit nach dem „Anschluss" kam es nur zu vereinzelten, meist versteckten Formen des Widerstandes, wie zum Beispiel dem Abhören von Fremdsendern. Auch hatten sich bereits 1939 und 1940 kleine organisierte illegale Gruppen, vor allem aus dem Kreis der revolutionären Sozialisten und Kommunisten, gebildet. Weiters gab es sowohl slowenisch- als auch deutschsprachige österreichische Sympathisanten und

---

[74] Vgl. Erwin Steinböck, Partisanenkämpfe und Widerstand. In: Das gemeinsame Kärnten./Skupna Koroška. Volksgruppenproblematik 1938-1985, ed. Deutsch-slowenischer Koordinationsausschuss des Diözesanrates (Klagenfurt 1985) 31-52, S.34.

[75] Vgl. Broman, Bruckmüller, Haas u. a., Zgodovina Koroških Slovencev, S. 93f.

[76] Vgl. Sima, Die Vertreibung slowenischer Familien S. 154f.

[77] Vgl. Sima, Gewalt und Widerstand S. 272.

Mitarbeiter der Organisation TIGR. Die Abkürzung TIGR bedeutet „Trst, Istra, Gorica, Reka" und ging von küstenländischen Slowenen unter italienisch-faschistischer Herrschaft aus. Diese Organisation wurde vor allem von Jugoslawien unterstützt und stand in Verbindung mit dem britischen Geheimdienst (Secret Service, Intelligence Service), von dem sie auch mit Waffen und Munition versorgt wurde. Von April bis Juni 1940 führten ihre Mitglieder vier Sabotageaktionen an Eisenbahnstrecken bei Judenburg und Tarvis durch.[78] In Verbindung mit den Aktionen wurden 33 Personen von der Gestapo verhaftet und des Hochverrates angeklagt.[79] Die Verfolgungsmaßnahmen des Deutschen Reiches setzten dieser Organisation im Sommer und Herbst stark zu, was allmählich auch zu ihrer Auflösung führte[80].

Trotz sofort einsetzender Verfolgungsmaßnahmen gegen aufmüpfige Slowenen in Kärnten, scheint sich ein großer Teil der kärntnerslowenischen Bevölkerung darauf eingestellt zu haben, sich mit dem Regime zu arrangieren.[81] „Sich mit dem Regime zu arrangieren" bedeute jedoch ab Kriegsbeginn für die jungen Männer auch, dass sie bereit sein mussten, für Hitler in den Krieg zu ziehen. So kam es in den Jahren von 1938 bis 1940 verstärkt dazu, dass sich einige junge Slowenen, die einen Einberufungsbefehl zur Wehrmacht erhielten, in den heimischen Wäldern und Bergen versteckten oder über die Grenze nach Jugoslawien flohen. Einige junge Burschen schlossen sich schon 1941 den Partisanen an, andere kehrten nach der Besetzung Jugoslawiens in die heimatlichen Wälder zurück, wo sie unterstützt von Verwandten und Bekannten, so genannte „Grüne Kader" bildeten.

Als im Sommer 1942 Mitglieder der slowenischen Befreiungsfront[82] mit ihnen Kontakt aufnahmen, zeigten sich die „Grünen Kader" anfangs reser-

---

[78] Vgl. Andrej Leben, V borbi smo bile enakopravne. Uporniške ženske na Koroškem v letih 1939-1955 (Klagenfurt/Celovec 2003) S. 10, vgl. Sima, Gewalt und Widerstand S. 274 und vgl. Heidi Wilscher, Politično preganjanje Koroških Slovencev v Nacizmu, In: Die Vertreibung der Kärntner Slowenen. Pregon Koroških Slovencev, ed. Avguštin Malle (Klagenfurt/Celovec 2002) 75-87, S.77.

[79] Vgl. Wilscher, Preganjanje.Koroških Slovencev, S.77.

[80] Vgl. Sima, Gewalt und Widerstand S.274f.

[81] Vgl. Leben, V borbi S. 10 und vgl. Sima, Gewalt und Widerstand S. 273f.

[82] Entstehung, Ziele und Bedeutung der Slowenischen Befreiungsfront (Osvobodilna fronta) werden im Kapitel „Der organisierte Widerstand in Kärnten und Slowenien" ausführlich erklärt.

viert, sie wollten ihr Überleben sichern, waren aber nicht bereit in den bewaffneten Kampf zu ziehen[83]. Karel Prušnik gibt in seinem Werk über den Kärntner Partisanenkampf die Erinnerungen Pavel Males wieder, der sich schon früh den „Grünen Kadern" anschloss und von der ersten Begegnung mit einem Partisanen in den Kärntner Wäldern berichtet:

Im Herbst 1942 besuchte uns zum ersten Mal Genosse Matija Verdnik – Tomaž, der Sekretär der Gebietsbefreiungsorganisationen. Ich erinnere mich noch recht gut an dieses Treffen. Tomaž begrüßte uns mit den Worten: „Ich komme vom Bataillon mit dem Auftrag, die grünen Kader zu besuchen". Wir alle hörten ihm aufmerksam zu. Die Burschen aus Zell [Zell Pfarre] redeten ihm zu, er solle gleich bei ihnen bleiben. Tomaž aber wollte den gesamten Grünen Kader der organisierten Partisanenarmee anschließen. Er meinte: „Burschen, welchen Sinn hat es, dass ihr im Bunker zugenagelt seid? Das slowenische Volk braucht Soldaten«. Anfangs jedoch waren nicht alle von Tomažs Idee begeistert.[84]

Die „Grünen Kader", die vor allem im Raum von Zell Pfarre, des Ferlacher Horns, des Obirs und der Petzen tätig waren, wurden an die Gestapo verraten, die daraufhin in einer groß angelegten Polizeiaktion Anfang Dezember 1942 etwa 200 Personen verhaftete. Die Mitglieder der „Grünen Kader"[85], die entkommen konnten[86], schlossen sich den Partisanen an. 135 Stellungsverweigerer und ihre Helfer wurden bei der Staatsanwaltschaft angezeigt, gegen 35 wurde schließlich Anklage erhoben.[87] Den angeklagten Männern und Frauen wurde im April 1943 in Klagenfurt vor dem

---

[83] Vgl. Rausch, Partisanenkampf S. 13, vgl. Sima, Gewalt und Widerstand S. 274 und vgl. Karel Prušnik Gašper, Gemsen auf der Lawine. Der Kärntner Partisanenkampf (Ljubljana 1984) S. 40-44.

[84] Prušnik, Gemsen, S. 44.

[85] Es gibt widersprüchliche Angaben darüber ob es sich um Mitglieder der „Grünen Kader" (vgl. Rausch, Partisanenkampf, S. 13) oder um Sympathisanten des OF gehandelt hat (vgl. Mirko Messner, Odpor Koroških Slovencev. In: Po sledovih, Pričevanja koroških Slovencev 1920 – 1945 ed. Slovenska prosvetna zveza (Celovec/Klagenfurt 1991) 195- 202, S. 198). Dies läßt sich vermutlich auf die Tatsache zurückführen, dass die Grenzen zwischen den „Grünen Kadern" von den Mitgliedern der OF im Jahre 1943 fließend gewesen sein dürften.

[86] Unter den Entkommenen war damals auch Karel Prušnik.

[87] Karel Prušnik Gašper, Die Kärntner Slowenen im bewaffneten Krieg gegen den Faschismus. In: 8. Kärntner Kulturtage, ed. Augustin Malle (Klagefurt 1977) 1-13, S. 2f. und vgl. Rausch, Partisanenkampf, S. 16.

Volkgerichtshof unter Vorsitz des Volksgerichtshofspräsidenten Roland Freisler der Prozess gemacht. Von den 35 Angeklagten wurden zwölf Männer und eine Frau zum Tode verurteilt.[88] Die Begründung war die Zugehörigkeit zu „terroristischen kommunistisch eingestellten bewaffneten Banden, die die reichstreue Bevölkerung terrorisierten, Deutsche ermordet und Gehöfte geplündert hätten sowie Teile des Reiches von ihm losreißen wollten"[89]. Das Urteil wurde am 29. April durch Enthauptung vollstreckt.[90]

Pavla Kelih, die Frau des zum Tode verurteilten Urh Kelih, erzählt von der Verhaftung ihres Mannes. Urh war gerade bei der Holzarbeit, als die Gestapo die Familie aufsuchte. Als Urh nach Hause kam, befahlen sie ihm, sich anzuziehen und mitzukommen:

Ich habe ihn noch gefragt, wann er wieder kommen wird. Er antwortete: „Wahrscheinlich am Abend, wenn nicht am Abend, dann sicher in drei Tagen." [...] Dass man ihn so verurteilen würde, das hat niemand von uns erwartet. So harte Strafen waren wir damals noch nicht gewöhnt. Es war so eigenartig, alles war ganz verwirrt. Alles hing in der Luft. Einige sagten, dass nichts Schlimmes passieren würde. Sogar dann noch, als sie schon zum Tode verurteilt waren, sagten sie: „Oh, das wird ja nicht wahr sein. Sie [die Nationalsozialisten] wollen sie nur erschrecken. Irgendwohin werden sie sie bringen, wo sie schwer arbeiten werden müssen, und leiden werden sie auch". Es wurde geredet, dass sie sie nicht umbringen würden, dass Hitler es nicht wagt, die Leute umzubringen, auch wenn sie zum Tode verurteilt wurden. Nur der Urh, der hat es, glaube ich, schon gewusst. Mit seinem Bruder Florijan, der auch enthauptet wurde, haben sie es schon gewusst. Beide hatten sie Angst.[91]

---

[88] Es waren dies Tomaž Olip, Jakob Oraže, Ivan Dovjak, Franc Gregorič, Franc Pristovnik, Florijan Kelih, Jernej Oraže, Janez Oraže, Urh Kelih, Franc Weinzierl, Jurij Pasterk, Miha Zupanc und Micka Olip.

[89] Rausch, Partisanenkampf S. 13.

[90] Vgl. Broman, Bruckmüller, Haas u. a., Zgodovina Koroških Slovencev, S. 95 und vgl. ebd. S. 13

[91] Pavla Kelih, To si Hitler ne bo upal In: Po sledovih. Pričevanja Koroških Slovencev 1920-1945, ed. Slovenska prosvetna zveza. (Celovec/Klagenfurt 1991) 238-240, S.240.

Die Nationalsozialisten hatten ihr Ziel, die Bevölkerung durch die Prozesse und die harten Urteile einzuschüchtern, weitgehend erreicht und somit den möglichen Ansatz zur Bildung einer ernstzunehmenden Widerstandsbewegung vorerst zerstört. Der organisierte Widerstand, der sich in Kärnten trotz allem schon bald darauf verstärkt entwickelte, hatte seinen Ausgang in Slowenien[92].

Die Entstehung der Partisanenbewegung in Jugoslawien

Zwar kamen die unmittelbaren Impulse für die Partisanenbewegung in Kärnten aus Slowenien, doch scheint es mir notwendig, auch die Vorgänge, die sich in dieser Zeit im Gebiet des ehemaligen Jugoslawiens abgespielt haben, kurz darzustellen.

Nach dem Überfall Hitlerdeutschlands auf Jugoslawien 1941 wurde das Land aufgeteilt. Den nördlichen Teil Sloweniens beanspruchte das Deutsche Reich für sich. Unmittelbar nach der Aufteilung wurde die Besiedlung der von den Slowenen verlassenen Gebiete durch die deutsche Bevölkerung veranlasst. Die slowenische Bevölkerung war entweder geflohen oder ausgesiedelt.

Italien bekam den südlichen Teil Sloweniens mit Ljubljana sowie den größten Teil der kroatischen Küste zugesprochen. Der wesentliche Teil Mazedoniens und des Kosovo sowie kleinere Stücke Montenegros gingen an Albanien, das Italien unterstellt war. Bulgarien erhielt den Rest Mazedoniens und die südöstlichen Gebiete Serbiens. Ungarn wurden die Bačka, der Teil der Vojvodina zwischen der Donau und Tisa, die Baranja zwischen Donau und Drau und zwei kleine Gebiete im Nordwesten Jugoslawiens, Medimurje (das Zwischenmurgebiet) und Prekmurje (das Übermurgebiet), zugesprochen. Der Rest des Landes wurde in zwei, nach außen hin selbständige Staaten (in Wirklichkeit aber unter deutscher Vorherrschaft) aufgeteilt; in Serbien und Kroatien.[93]

---

[92] Vgl. Rausch, Partisanenkampf S. 13.

[93] Vgl. Sven Monnesland, Land ohne Wiederkehr. Ex-Jugoslawien: Die Wurzeln des Krieges (Kla-

Die Besatzungsmächte wollten die von ihnen besetzten Gebiete auch formalrechtlich ihren Staaten eingliedern, doch die Annexionen scheiterten zunächst aus personellen Gründen und wurden später wegen des Volksbefreiungskampfes endgültig aufgegeben. Außerdem wollten die Besatzer die ethnischen Grenzen an die neuen Staatsgrenzen angleichen. Darum wurde unmittelbar nach der Besatzung der Gebiete mit der Entnationalisierung der Bevölkerung begonnen. Die Methoden der Entnationalisierungspolitik der Besatzer reichten bis zum Völkermord. Es wurden Tausende Slowenen und Serben aus ihrem Land vertrieben und Massaker an Serben und Juden durchgeführt. Zwar unterschieden sich die Methoden der Besatzer hinsichtlich ihrer Grausamkeit, doch ähnelten sich die Grundmuster in allen Fällen. Die in den besetzten Gebieten lebende Bevölkerung sollte durch wirtschaftlichen, politischen und kulturellen Druck, im schlimmsten Fall auch durch ihre Deportation, geschwächt werden. Auch die Ansiedlung durch Angehörige der Besatzer-Nationen spielte in der Entnationalisierungspolitik eine bedeutende Rolle.[94]

Die Zerschlagung des politischen Apparats in Jugoslawien trug dazu bei, das die schon Jahrzehnte im Untergrund existente Kommunistische Partei als einzige politische Kraft intakt blieb. Ihr Ziel war es, eine Widerstandsbewegung aufzubauen, eine gemeinsame nationale Front, die sich gegen die Besatzungsmächte zur Wehr setzen sollte. Am 4. Juli 1941 kam von der Parteiführung der Befehl, bewaffneten Widerstand zu leisten. Der Anführer der Widerstandsbewegung wurde der Generalsekretär der Kommunistischen Partei Jugoslawiens (KPJ), Josip Broz Tito. Ihren Kampf betrachteten die Partisanen als Kampf für den Kommunismus und die Revolution. Um bei der Bevölkerung den gewünschten Zuspruch zu erlangen, stellte man den Aspekt der Revolution in den Hintergrund und propagierte als wesentliches Programm den „Kampf gegen die Okkupanten und Quislinge … Kampf für die nationale Befreiung, für die Brüderlichkeit und die

---

genfurt/Celovec 1997) S.240f. Und vgl. Tone Ferenc, Der Volksbefreiungskampf in Jugoslawien. In: Europäischer Widerstand im Vergleich. Die internationalen Konferenzen Amsterdam, ed. Ger van Roon (Berlin1985), 192-210, S. 193.

[94] Vgl. Ferenc, Der Volksbefreiungskampf S. 194f.

Gleichberechtigung aller jugoslawischer Völker und eine gerechtere gesellschaftliche Ordnung".[95]

Diese Vorgehensweise der KPJ genoss bei der Bevölkerung Zuspruch, und schon im Juli 1941 bildeten sich schon die ersten kleinen Partisanengruppen. Diese anfangs fast ausschließlich aus Kommunisten bestehenden Einheiten bildeten gleichzeitig die Kader der sich schon bald formierenden größeren Verbände, die auf Grund des Zustroms von zahlreichen Serben entstehen konnten.[96] Die Schwäche der in Serbien stationierten Besatzungstruppen steigerte die allgemeine Kampfeslust. Die Bevölkerung Montenegros war empört über die Verordnungen der Italiener, die ihren Freiheitssinn verletzten. Im „Unabhängigen Staat Kroatien" bildeten sich durch die Serbenverfolgungen der *Ustascha*[97] serbische Selbstschutzverbände, die schon bald den Partisanenstäben unterstellt wurden.[98]

Gegen Ende des Jahres 1941 trat neben den Besatzungstruppen und den mit ihnen kollaborierenden Formationen ein weiterer Gegner der Partisanen, die „*Četniks*"[99], in Erscheinung. Zwar waren die Četniks ihrer Orientierung zu Folge gegen die Achsenmächte, doch lehnten sie sich immer mehr an die Italiener und die Deutschen an, um mit ihnen gegen die Partisanen anzukämpfen.[100] Sowohl der tobende Bürgerkrieg als auch die Kämpfe gegen die Besatzungsmächte sind charakteristisch für den jugoslawischen Kriegsschauplatz in der Zeit des Nationalsozialismus.

---

[95]   Ahmet Donlagic. Žarko Atanakovic, Dušan Plenča, Jugoslawien im 2. Weltkrieg (Belgrad 1967) S. 56.

[96]   Vgl. Rausch, Partisanenkampf S.3.

[97]   Die Mitglieder der Ustaschabewegung waren Verfechter des kroatischen Nationalismus. Ihr Ziel war die Gründung eines ethnisch reinen Kroatiens. Dazu sollte ein Drittel der Serben ausgerottet oder deportiert und der Rest zum Katholizismus bekehrt werden. Das Vorgehen der Ustascha war äußerst grausam, es kam zu Massakern an der serbischen Zivilbevölkerung. Vgl. Monnesland, Land ohne Wiederkehr S. 245f.

[98]   Vgl. Rausch, Partisanenkampf S. 3.

[99]   Die Četniks waren antikommunistisch und antikroatisch eingestellt. Ihr Ziel war eine serbische Vormachtstellung im Staat und die Erweiterung des serbischen Staates nach Kriegsende. Sie kämpften für ein Großserbien, das sowohl Teile Kroatiens wie auch Bosniens einschließen sollte. Die nichtserbische Bevölkerung dieser Gebiete sollte ihrer Ansicht nach vernichtet werden. Es kam während des Zweiten Weltkrieges zu grausamen Massakern der Četniks an der kroatischen und muslimischen Bevölkerung. Vgl. Monnesland, Land ohne Wiederkehr S. 244.

[100]   Vgl. Rausch, Partisanenkampf S. 3.

Die Partisanen rückten von Westserbien aus vor und errichteten im September 1941 ihr Hauptquartier in der Stadt Užice, wo sie 3 Monate lang ihre Stellung behaupten konnten. Die Deutschen leiteten eine Großoffensive ein, mit dem Ziel die serbische Bevölkerung dermaßen einzuschüchtern, dass sie eine Unterstützung des Widerstandes nicht mehr wagen würde. Für jeden getöteten deutschen Soldaten richteten die deutschen 100 serbische Zivilisten hin.

Die Partisanen mussten wegen der Massenhinrichtungen den Rückzug nach Bosnien antreten, wo sie am 7. November 1941 auch die „Erste Proletarier-Brigade" gründeten. In der „Proletarier-Brigade" waren Menschen aus allen Teilen Jugoslawiens versammelt und es stand neben der kommunistischen Ideologie vor allem der übernationale Aspekt im Vordergrund. Das tragende Organ dieser Brigade war die Volksbefreiungsarmee unter der Leitung von Josip Broz Tito.[101]

Die jugoslawische Volksbefreiungsbewegung konnte trotz zahlreicher Niederlagen und Rückschläge an Stärke zulegen. Das rücksichtslose Vorgehen der Deutschen schüchterte die Bevölkerung einerseits ein, andererseits schlossen sich aber auch Scharen Angehöriger von Opfern den Widerstandskämpfern an.[102] Die Unterstützer des Volksbefreiungskampfes stammten aus allen Bevölkerungsschichten. Zwar kamen sie in großem Maße aus dem bäuerlichen oder aus dem Arbeitermilieu, doch scheint diese Tatsache nur wenig verwunderlich, wenn man die damalige soziale Zusammensetzung der jugoslawischen Bevölkerung betrachtet. Auffällig hoch war auch der Anteil der Frauen – selbst in den Partisaneneinheiten, die sich dem Volksbefreiungskampf anschlossen.[103]

Durch das ständige Anwachsen der Partisanenbewegung konnten auch immer mehr militärische Erfolge verzeichnet werden. Damit gelang es der jugoslawischen Volksbefreiungsarmee auch in der Anti-Hitler-Koalition Ansehen zu gewinnen. Die Alliierten, überwiegend Briten, halfen den Partisanen bei der Gründung einer sehr wichtigen Militärbasis auf Bari in Italien,

---

[101] Vgl. Monnesland, Land ohne Wiederkehr S. 249f.
[102] Vgl. Rausch, Partisanenkampf S. 4.
[103] Vgl. Ferenc, Der Volksbefreiungskampf S. 201f.

und unterstützten sie mit Waffen, Munition und anderer Ausrüstung. Im März 1945 umfasste die Widerstandsbewegung bereits 650.000 Personen. Sie bestand zu diesem Zeitpunkt aus 4 Armeen, die über eine gute Ausrüstung und eine dementsprechende Kampfkraft verfügten und den deutschen Truppen viele Probleme bereitete.[104]

Der organisierte Widerstand in Kärnten und Slowenien

In Slowenien schlossen sich Ende April 1941 die bislang feindlich gegenüberstehenden Kommunisten und einige Vertreter der bürgerlichen Befreiungsfront zur Slowenischen Bergfreiungsfront (Osvobodilna fronta slovenskega naroda, oder kurz OF), zusammen. Ihr Ziel war es, für die Vereinigung aller Slowenen in einem gemeinsamen Staat zu kämpfen, was auch die slowenische Minderheit in Kärnten mit einbezog. Ende 1941 hatte es die OF bereits geschafft 400 Ausschüsse zu bilden und eine illegale Organisation aufzubauen. Die führende Rolle in der OF übernahmen schon bald die seit 1921 in der Illegalität wirkenden Kommunisten, die bereits über ein Organisationsnetz im politischen Untergrund verfügten.[105]
Gemeinsam mit den Befreiungsbewegungen anderer jugoslawischer Völker unter der Führung von Tito wurde die OF zur wichtigsten Widerstandsbewegung gegen den Nationalsozialismus in Jugoslawien und steht im direkten Zusammenhang mit der Entwicklung der Partisanenbewegung in Kärnten.[106]
Nach dem schweren Rückschlag, den die OF im November und Dezember 1942 in Kärnten zu verschmerzen hatte, baute sie im Jauntal, im Raum Petzen vom Mießtal her einen neuen, weiteren Strang ihrer Organisation auf. Die Aufbauarbeit ging von einer kleinen Gruppe von Partisanen aus, die dem Savinja-Bataillon angehörte.[107] Diese Gruppe versuchte die Ein-

---

[104] Vgl. Rausch, Partisanenkampf S. 4f.
[105] Vgl. ebd. S. 6f.
[106] Vgl. Sima, Gewalt und Widerstand S. 275.
[107] Vgl. ebd. S. 276.

heimischen für den Widerstand zu mobilisieren. Der erfolgreiche Überfall dieser Einheit auf den deutschen Stützpunkt in Solčava in der Nacht von 15. auf den 16. Dezember 1942 wird als Geburt der ersten Partisaneneinheit auf Kärntner Boden angesehen. Wegen des regen Zulaufs wurde aus dieser Einheit am 28. März 1943 in Koprein/Koprivna das erste Kärntner Bataillon gegründet. In den darauf folgenden Monaten wuchs das Bataillon zu vier Einheiten an und wirkte auf dem Gebiet zwischen dem Mießtal im Osten und Ferlach im Westen. Es wurden neue Ausschüsse der OF gegründet, aber auch neue Ausschüsse der AFŽ (Antifašistična fronta žena, Antifaschistische Frauenfront) und der Jugend. Sogar eine Druckerei entstand.[108] Im Westen Kärntens entwickelte sich die Befreiungsbewegung etwas langsamer. Ab Februar 1943 wurde im Rosental zunächst politische Arbeit geleistet und es wurden mehrere Ausschüsse der OF organisiert. Am 18. Mai 1943 überfiel dann der „Gorenjska Bataillon" den deutschen Stützpunkt in Feistritz im Rosental/Bistrica v Rožu, beschädigte einige Einrichtungen der dortigen Akkumulatorenfabrik und befreite 41 sowjetische Gefangene.[109]

Im Frühjahr 1944 gelang es den Patisaneneinheiten im Westen ihre Aktivitäten über die Drau zu tragen, bis hin zum Wörthersee. Die Partisanen wirken hauptsächlich im Gebiet der Sattnitz. Im Osten gelang das Überqueren der Drau erst im Juni 1944: diese Gruppe von Widerstandskämpfern war vor allem im Gebiet der Saualm tätig. Anfang 1944 bekam das Kärntner Gebiet zunächst eine einheitliche politische Führung, im April 1944 dann eine einheitliche militärische Leitung.[110] Der „Kärntner Verbändegruppe" wurde auch eine englische Militärmission zugeteilt, durch die den Partisanen britisches Material zukommen konnte.[111]

In den frühen Monaten des Jahres 1944 kam es zur Herstellung von engeren Kontakten zu deutschsprachigen Antifaschisten. In dieser Zeit wurde

---

[108] Vgl. Mirko Messner, Odpor Koroških Slovencev. In: Po sledovih. Pričevanja Koroških Slovencev 1920-1945, ed. Slovenska prosvetna zveza. (Celovec/Klagenfurt 1991)195-202, 198f.
[109] Vgl. ebd. S 199 und vgl. Sima, Gewalt und Widerstand S. 276.
[110] Vgl. Messner, Odpor Koroških Slovencev S. 199f und vgl. Sima, Gewalt und Widerstand S. 276.
[111] Vgl. Messner, Odpor Koroških Slovencev S. 200.

auch das Kommunikationsnetz durch Kuriere ausgebaut.[112] Peter Kuhar, der sich schon im jugendlichen Alter von vierzehn Jahren den Partisanen anschloss, schilderte seine Kuriertätigkeit folgendermaßen:

Konkret lief die Arbeit der Kuriere so ab: Der Stab des fünften Sektors hatte die Aufgabe Verbindung mit der Steiermark oder mit der Oberkrainer Linie herzustellen und genau aus diesem Grund waren in diesem ganzen Gebiet Bunker aufgestellt, wie heute die Telefonverbindungen. Damals mussten wir Kuriere, anstelle des Telefons, gehen und streng geheime Nachrichten übermitteln. Wenn du von jemandem angegriffen wurdest, musstest du ihn zerstören. [...] Wir Kuriere trafen uns zu einer gewissen Stunde an der Meldestelle und man musste auf jeden Fall mindestens eineinhalb Stunden warten, weil es sich zutrug, dass ein Kurier bei einem Hinterhalt nicht vorbei kam und diesen umgehen musste. [...] Auf der Meldestelle wurde dann die Post ausgetauscht. [...] Es ereignete sich auch, dass ein Express-Brief eintraf. Dann musste der Kommandant oder dessen Stellvertreter selbst zum benachbarten Bunker gehen und die Post abgeben. Von da musste dann der Kommandant des benachbarten Bunkers bis zum nächsten Bunker laufen und so ging es immer weiter.[113]

Zwischen dem 14. und 19. August 1944 bescherten die slowenischen Partisanen den Deutschen die schlimmste Niederlage auf Kärntner Boden. Nahe der ehemaligen österreichisch-jugoslawischen Grenze, im Tal der Bistra bei Schwarzenbach/Črna, mussten die Deutschen für Kärntner Verhältnisse schwere Verluste hinnehmen. Karel Prušnik, obwohl selbst nicht zugegen, liefert mithilfe von Erzählungen seiner Partisanenkollegen einen detaillierten Bericht der Schlacht bei Črna:

Der Nachmittagsdienst meldete, dass eine Naziverstärkung von rund 700 Mann mit drei Panzern auf dem Weg von Črna sei. Noch am selben Abend, am 18. August, rückten beide Bataillone in das Tal der Bistra vor und versperrten dem Feind mit Hinterhalten vor Črna den Weg. [...] In aller Früh

---

[112] Vgl. ebd.
[113] Peter Kuhar, Kurirji smo stalno bežali. In: Po sledovih. Pričevanja Koroških Slovencev 1920-1945, ed. Slovenska prosvetna zveza. (Celovec/Klagenfurt 1991) 303-311, S. 306.

begannen die Deutschen, sich gegen ihre Stellung zu wälzen. Unmittelbar griffen zweihundert Kärntner Kämpfer an. Stark dezimiert wichen die feindlichen Linien zurück. Nach einiger Zeit sammelten sich die Nazis und stürmten unter dem Schutz des Feuers schwerer Maschinengewehre. Die Kärntner schlugen auch diesen Angriff zurück. Doch der Feind griff immer wieder an. Es gelang ihm einen Straßengraben zu finden und darin vorwärts zu kriechen. Er wollte die Partisanenstellungen umgehen. Zwei Partisanensturmtrupps griffen ihn aus unmittelbarer Nähe mit Handgranaten und Maschinenpistolen von der Seite an. Das feindliche Manöver misslang. Sie flüchteten Hals über Kopf. Zu Mittag fing der Tanz von neuem an. [...] Die Bevölkerung hatte rasch vom erfolgreichen Kampf erfahren. Frauen und Mädchen brachten Milch, Fleisch und Brot zu den Stellungen. Der ganztägige Kampf hatte sie überrascht. Sie freuten sich über den Erfolg.[114]

Berichten zufolge hat dieser Kampf – jene Soldaten eingeschlossen, die später in den Krankenhäusern ihren Verletzungen erlegen sind – auf deutscher Seite rund 300 Tote gefordert. Auf Seite der Partisanen jedoch gab es angeblich nur einige wenige Verwundete.[115]

Im August 1944 zählten die Kärntner Partisaneneinheiten rund 700 Soldaten. Deshalb rief Himmler im Sommer 1944 Südkärnten zum Bandenkampfgebiet aus, und am 8. August 1944 wurde das „Schutzgebiet Kärnten" in fünf „Sicherungsabschnitte"[116] geteilt. Die Nationalsozialisten hofften durch die Vorverlegung der nächtlichen Polizeistunde und durch die Verstärkung der gegen die „Banden" gerichteten Propaganda, der von den Partisanen ausgehenden Gefahr entgegenwirken zu können. Diese Maßnahmen, zusammen mit dem Wintereinbruch und den verstärkten Militär- und Polizeiaktionen, führten vorübergehend zu einer Schwächung der Partisanen. Ein weiterer Grund dafür war allerdings auch der Befehl des Hauptstabs Jugoslawiens, der Ende September 1944 die Auflösung der „Kärntner Gruppe der Abteilungen" vorsah. Es sollten nur noch rund 500

---

[114] Vgl. Prušnik, Gemsen S. 251f.

[115] Prušnik zitiert einen Bericht der Kärntner Verbändegruppe über den Kampf, vgl. Prušnik, Gemsen S. 254.

[116] 1) Mießtal – Jauntal; 2) Raum Völkermarkt – Wolfsberg; 3) Hochobir – Loibltal; 4) Ferlach und 5) Rosental – Unteres Gailtal, vgl. Steinböck, Partisanenkämpfe und Widerstand S. 41.

Partisanen in Kärnten bleiben, der Rest würde für die Auffüllung der slowenischen 14. Division benötigt.[117]

Erst im Frühjahr 1945 konnten die Partisanen ihren Tätigkeiten wieder richtig nachgehen und ihre stark gelichteten Reihen auffüllen. In Zusammenarbeit mit Titos „Jugoslawischer Armee" konnten die Partisanen Anfang Mai 1945 einige Orte einnehmen und schafften es am 8. Mai bis in die Landeshauptstadt vorzudringen. Sie erreichten Klagenfurt etwa gleichzeitig mit der aus Italien kommenden britischen Armee.[118] Mit dem Waffenstillstand vom 8. Mai 1945 waren die Kämpfe mit den titofeindlichen Verbänden aber noch nicht beendet. Die Kampfhandlungen hielten noch bis zum 12. Mai an und kosteten alleine im Raum Ferlach 37 Partisanen das Leben. Es zeigte sich allerdings bald, dass die Versuche der Partisanenverbände, Teile Kärntens besetzt zu halten, fehlschlagen würden. Nicht zuletzt wegen dem Druck Stalins mussten sich die Partisaneneinheiten bis zum 25. Mai aus Kärnten zurückziehen.[119]

Die Bedeutung des Partisanenkampfes

Auch wenn man meinen könnte, dass der Beitrag der Partisanenbewegung zum Fall Hitlerdeutschlands lediglich ein bescheidener war, so ist die militärische Bedeutung des Kärntner Widerstandskampfes offenkundig. 10.000 deutsche Soldaten, die sonst ohne weiteres in anderen Gebieten hätten eingesetzt werden können, waren durch den Widerstand in Kärnten gebunden. In den mehr als 600 bewaffneten Zusammenstößen zwischen deutschen Soldaten und Partisanen erlitten die Nationalsozialisten nicht nur materielle Schäden, sondern diese Begegnungen bewirkten auch eine Schwächung der Kampfmoral. Allgemein kann man sagen, dass die Kärnt-

---

[117] Vgl. Josef Rausch, Der Partisanenkrieg in Kärnten. Abseits von Verklärung und Verteufelung,. In: Die Deportation slowenischer Familien aus Kärnten, ed. Österreichische Liga für Menschenrechte (Wien 2004) 79-86, S. 83 und vgl. ebd. S.43f.

[118] Vgl. Rausch, Der Partisanenkrieg in Kärnten S. 83 und vgl. Messner, Odpor Koroških Slovencev S. 201.

[119] Vgl. Steinböck, Partisanenkämpfe und Widerstand S.46.

ner Widerstandsbewegung zu einer Destabilisierung des herrschenden Systems im gesamten „Bandengebiet" führte.[120]

Der Widerstand der Kärntner Slowenen war der effizienteste und militärisch wichtigste Widerstand auf österreichischem Boden. Die Partisanen haben nicht nur dazu beigetragen, dass zahlreiche Einheiten Hitlerdeutschlands in Kärnten gebunden waren, sondern den Partisanen gelang es auch militärische Erfolge zu verzeichnen. Diese Erfolge konnten nur erzielt werden, weil der Widerstand in den gemischtsprachigen Gebieten Kärntens von der (vorwiegend slowenischen) Bevölkerung getragen wurde.[121] Neben denen, die zur Waffe griffen, gab es auch sehr viele politische Aktivisten: Dabei handelte es sich oft um Frauen, die zu dieser Zeit den größeren Teil der heimischen Bevölkerung darstellten, während die Männer zur deutschen Wehrmacht einberufen wurden. Diese Frauen und auch Männer warben für den Widerstand, knüpften Verbindungen und organisierten Ausschüsse, gaben den Partisanen zu essen und beherbergten sie, pflegten Verwundete, leisteten Kurierdienste und sammelten Medikamente und Verbandsmaterial.[122]

Den slowenischen Widerstandskämpfern wird auch heute noch vorgeworfen, dass sie für den Anschluss Kärntens an Jugoslawien kämpften. Dass den Slowenen während bzw. nach dem Krieg ein Jugoslawien zugehöriges Kärnten lieber gewesen wäre, ist nach den Ereignissen nach dem Plebiszit und der Unterdrückung und den Gräueltaten unter der Naziherrschaft kaum verwunderlich. Tatsache bleibt, dass der Kärntner Widerstand bezüglich seiner Breite und Organisation im deutschen Reich einzigartig war. Als Beitrag zur Befreiung Österreichs wurde er von österreichischen Politikern bei den Verhandlungen um den Staatsvertrag auch so gesehen und erklärt.

---

[120] Vgl. Rausch, Partisanenkampf, S. 84 und vgl. Messner, Odpor Koroških Slovencev S. 202.

[121] Vgl. Wolfgang Neugebauer, Zur Bedeutung des slowenischen Widerstandes in Kärnten. In: Spurensuche. Erzählte Geschichte der Kärntner Slowenen, ed. Dokumentationsarchiv des österreichischen Widerstandes (Wien 1990) 7-8, S.7.

[122] Vgl. Sima, Gewalt und Widerstand S. 277f und vgl. Milena Gröblacher, Misli ob štirideseti obletnici ženske organizacije na Koroškem. In: Vestnik Koroških partizanov 3-4 (Ljubljana 1983) 78-79, S.79.

Der Widerstand der Familie Ročičjak gegen das NS-Regime

Darstellung der sozialen Verhältnisse der Familie Ročičjak

Als im Mai 1945 die Welt das Ende der Hitler-Ära und des Zweiten Weltkrieges feierte, kam das Ende des Krieges für einige Mitglieder der Familie Ročičjak aus St. Kanzian zu spät. Mein Urgroßvater Josef Ročičjak (geb. am 22. März 1884) und seine älteste Tochter Elizabeta (geb. am 10. Juli 1911) waren nach der Verurteilung zum Tode durch den Blutrichter Freisler am 12. Januar 1945 in Graz wegen Vorbereitung zu Hochverrat enthauptet worden. Meine Großmutter Jožefa Trobej (geb. Ročičjak) entging zwar der Verurteilung zum Tode, kehrte nach der Befreiung aber als kranke Frau aus dem Zuchthaus Aichach zurück.

Die Ročičjaks aus Kleindorf/Mala Vas bei St. Kanzian waren sogenannte Nationalslowenen, die sich wegen ihres Bekennens zum Slowenentum schon vor Beginn des Zweiten Weltkrieges Schwierigkeiten eingehandelt hatten. Jožef Ročičjak übernahm 1909 einen der zwei größten Bauernhöfe in Kleindorf/Mala Vas.[123] und bewirtschaftete ihn zusammen mit seinen Familienmitgliedern. Im Jahre 1909 hatte er Elizabeta Ražun (geb. am 16. November 1883) geheiratet, die ihm zehn Kinder gebar, von denen acht überlebten.[124]

---

[123] Der Hof des Jožef Ročičjak in Kleindorf 4 umfasste im Jahr 1944 insgesamt 24,75 Hektar, wovon 10,14 Hektar auf Wald, 8,25 Hektar auf Ackerland, 0,75 Hektar auf Garten, 4,32 Hektar auf Wiese, 1,03 Hektar auf Weideland und 0,23 Hektar auf Baugrund entfielen. Vgl. Vermerk über das Anwesen in Kleindorf, Klagenfurt am 9. September 1944, Klagenfurter Landesarchiv, aus den Hofakten der Familie Ročičjak.

[124] Elizabeta (geb. 1911), Cila (geb. 1912), Ana (geb. 1914) Jožefa (geb. 1916), Marica (geb.1919), Josef (geb. 1922), Valentin (geb. 1924), Franziska (geb. 1928).

Jožef Ročičjak hatte die Volksschule in St. Kanzian besucht, vor der Übernahme des Hofes den Bauernhof seiner Eltern mitbewirtschaftet und war
von 1915 bis 1918 an der Ostfront in Galizien stationiert gewesen. Für
seine Kriegsdienste wurde er mit der Bronzenen Tapferkeitsmedaille und
dem Karl-Truppen-Kreuz ausgezeichnet.[125] Seine Frau Elizabeta Ražun
stammte aus dem benachbarten Brenndorf und verstarb am 16. Juli 1939,
angeblich an den Folgen einer Blutvergiftung.

Bei den Ročičjaks wurde immer viel gelesen, insbesondere der Vater war
sehr bedacht darauf, dass sich seine Kinder weiterbilden. Jožef Ročičjak
bezog regelmäßig die slowenischen Bücher der Hermagorasbruderschaft
und abonnierte auch slowenische Tageszeitungen, die er sammelte und
binden ließ. Alle Kinder besuchten die utraquistische Volksschule in St.
Kanzian, zuhause wurden sie streng katholisch erzogen. Die Mädchen der
Familie Ročičjak besuchten nach der Volksschule einjährige Kurse in der
Klosterschule in St. Jakob/Šentjakob, in denen sie lernten, wie man einen
Haushalt zu führen hatte. Von Elizabeta, der ältesten Tochter, und meiner
Großmutter Jožefa wissen wir, dass sie Mitglieder sowohl der slowenischen
Laienspielgruppe als auch der Tamburizzagruppe in St. Kanzian waren.
Die Proben fanden beim Serajnik in Kleindorf oder beim Wank in St. Kan-
zian statt. Meine Großmutter erzählte, dass sie und andere Mitglieder der
Laienspielgruppe auf dem Nachhauseweg oft wegen ihrer Zugehörigkeit
zur slowenischen Minderheit angepöbelt wurden.

Matevž Ražun

Teil der Familie war auch der Geistliche Matevž Ražun (geb. am 13. Juli
1865), der Bruder von Elizabeta Ražun, der immer wieder über längere
Zeiträume bei den Ročičjaks lebte und von der Familie sehr geachtet wurde.
Matevž Ražun, der am 23. Dezember 1943 am Hof der Familie Ročičjak
in geistiger Umnachtung starb, war vom 28. November 1898 bis offiziell 1.
November 1920 Seelsorger der Pfarre St. Jakob im Rosental/Šentjakob v

---

[125] Vgl. Bundesarchiv Berlin , P 650 (1361-1-4488) Anklageschrift des Oberreichsanwalts beim
Volksgerichtshof vom 18. Dezember 1944 gegen Johann Klantschnik u. a., S. 6.

Rožu gewesen. Seine Einträge in der Pfarrchronik St. Jakob zeigen, wie sich die Lage der Slowenen in Kärnten vor allem die der slowenischen Intelligenz – zu Beginn des 20. Jahrhunderts immer weiter verschlechterte.

In der Zeit seiner Seelsorge arbeitete er an zwei großen Projekten: gleich nach seiner Ankunft in St. Jakob machte er sich daran, den Pfarrhof umzubauen, was ihm laut seinen Einträgen in der Pfarrchronik manchmal Ärger mit der Bevöl-

Der Geistliche Matevž Ražun

kerung bescherte, sein zweites und weit wichtigeres Projekt aber war der Bau und die Gründung einer slowenischen Volksschule (Narodna šola) in St. Peter/Šentpeter, die 1908 unter der Leitung der Schulschwestern eröffnet wurde.

Aus Ražuns Einträgen in der Pfarrchronik geht hervor, dass ihm nationalslowenische Belange sehr am Herzen lagen. Am 14. Juli 1906 zum Beispiel beschwert er sich, dass den Kärntner Slowenen im Rahmen der Wahlreform ihr 7. Wahlmandat für die Landesversammlung aberkannt wurde und an die Gottscheer in der Gegend um Krain ging.

Am 14.7.1906 fiel auf der Golica/dem Kahlberg und anderen höheren Gipfeln Schnee, in Wien aber wurden wir Kärntner Slowenen vor zwei Tagen von der zuständigen Sektion für die Wahlreform vom Schnee deutschtümlerischer und deutscher Gewalt begraben, indem man das, den 18.000 Gottscheern in Gegend um Krain zugestandene Mandat für die Landesversammlung mit dem 7. slowenischen Mandat in der Untersteiermark kompensierte. [...] 18.000 Gottscheer bekommen ein Mandat, 68.000 Kärntner Slowenen aber keines! Justitia est fundamentum regnorum Austria toliter iniucta: ubi est fundamentum tuum?[126]

Am 2. September 1907 erinnert sich Ražun an die Feier des ersten Spatenstiches anlässlich des Baus des Karawankentunnels im Juni 1901 in Rosenbach/Podrožca. Sie fand an einem Freitag statt, was Ražun besonders hervorhebt, da er sich als Pfarrer nach der kirchlichen Segnung sofort verabschiedet, um nicht an der nach der Feier bereitgestellten nicht vegetarischen Jause teilhaben zu müssen. An dieser Feier nahm auch der slowenische Gesangsverein „Rožica" teil, der durch seine „meisterhafte Leistung"[127] beeindruckte. Einige Jahre später, am 1. Oktober 1906, so schreibt Ražun, wurde die neue Eisenbahnstrecke durch den Bischof von Gurk, Dr. Josef Kahn, feierlich eröffnet:

Von überall her hatte man Leute zu der Feier eingeladen, den heimischen Bürgermeister und Pfarrer aber hatte niemand eingeladen und dem Pfarrer dankte niemand für die Mühe und die Ausgaben ob dieser Feierlichkeit. Der Slowene ist halt überall im Weg, wo man ihn nicht umgehen kann, wird er arrogant übersehen, nach dem Motto: „der Mohr hat seine Schuldigkeit getan, der Mohr kann gehen".[128]

Im Jahr 1907 wurde gegen den Willen der Gemeindebürger und trotz des Protestes seitens der Gemeinde und des Ortsschulrates St. Jakob im Rosental von der Landesschulbehörde die Spaltung der fünfklassigen sloweni-

---

[126] Pfarrchronik St. Jakob/Šentjakob. Eintrag vom 14. Juli 1906 in slowenischer Sprache verfasst.

[127] Ražun transkribiert einen Dankesbrief vom 22. Juni 1901, der ihm vom Vorstand in Klagenfurt nach der Feier übermittelt wurde. In diesem Brief bedankt sich der Vorstand für die Teilnahme des Pfarrers an der Feier, die ihr ein „erhebendes und würdevolles Gepräge" gegeben hat. Ebenfalls lobend erwähnt wird die meisterhafte Leistung des anwesenden „Sängerchores", dem slowenischen Gesangsverein Rožica, dem der Vorstand in dem Brief an Ražun den „verbindlichsten Dank" ausspricht. Der Chor sang damals slowenische und deutsche Lieder.

[128] Vgl. Pfarrchronik St. Jakob/Šentjakob. Eintrag vom 2. September 1907 in slowenischer Sprache verfasst.

schen Schule in eine utraquistische und eine slowenische Schule angeordnet. Das veranlasste Matevž Ražun, sich für eine eigene slowenische Schule
zu engagieren. Schon im Juni 1907 begann man mit dem Bau der neuen
slowenischen Schule. Am 17. Juli 1907 gab es eine große Feier anlässlich der
Segnung des Grundsteines, die der Tainacher Probst Gregor Einspieler vor-
nahm und auf der der Landtagsabgeordnete Franc Grafenauer die Festrede
hielt. Laut Ražun nahmen 4000 Menschen an den Feierlichkeiten teil.[129]
Eröffnet wurde die neue Schule unter der Leitung der Schulschwestern aus
Maribor/Marburg am 3. November 1908. Es war dies eine dreistufige öffentliche Volksschule mit slowenischer Unterrichtssprache. Ražun vermerkt
für das Schuljahr 1908/1909 178 Schülerinnen und Schüler. Im nächsten
Jahr erhöht sich die Anzahl der Schüler auf 192 und im Jahr darauf sogar
auf 206. Im Jahr 1913 äußert sich Ražun erfreut über die Tatsache, dass
in diesem Jahr 252 Kinder die slowenische Volksschule besuchen und es
dieser bereits gelungen ist, die utraquistische Schule zu überholen.[130]
Interessant ist auch der Eintrag vom 17. Mai 1911, in dem Ražun den Besuch der Schule durch den Fürstbischof beschreibt. Alle Kinder trugen ihre
Beiträge in slowenischer Sprache vor und auch Ražun vermied es, Deutsch
zu sprechen. Über seine Grußworte für den Fürstbischof schreibt er wie
folgt:
*Den ersten Satz sprach der Unterzeichnete [Pfarrer Ražun] auf Slowenisch,
um zu zeigen, dass es sich um eine slowenische Pfarre handelt - die restlichen Sätze sprach er auf Lateinisch, weil der Fürstbischof die Schule nicht
en officio besuchte, aber einer Bitte Folge leistete und aus Freundlichkeit
kam. Deshalb forderte die Höflichkeit eine Ansprache in einer Sprache, welche der Fürstbischof verstand.*[131]
Die Einträge Ražuns in der Pfarrchronik enden mit dem Jahr 1914. In
einem seiner letzter Einträge im Jahr 1914 bedauert er die Ermordung des
Thronfolgers Franz Ferdinand in Sarajevo und heftet dem Eintrag die Ti-

---

[129] Vgl. Pfarrchronik St. Jakob/Šentjakob. Eintrag vom 24. April 1908 in slowenischer Sprache verfasst.
[130] Vgl. Pfarrchronik St. Jakob/Šentjakob. Eintrag zum Jahr 1913 in slowenischer Sprache verfasst.
[131] Pfarrchronik St. Jakob/Šentjakob. Eintrag vom 17. Mai 1911 in slowenischer Sprache verfasst.

telseite der Zeitung *Mir*[132] vom 29. Juni 1914 bei, auf der der Herausgeber in einem Artikel die Tragödie als regelrechte Katastrophe für die slowenische Volksgruppe in Kärnten sieht und die Slawenfreundlichkeit des ermordeten Thronfolgers unterstreicht:

„Bekannt war seine Affinität den österreichischen Slawen gegenüber, insbesondere gegenüber den Kroaten und Slowenen, die ein so heller Stern war, der den Slowenen und Kroaten die Dunkelheit der Zukunft vertrieb".[133]

Aus späteren Einträgen aus der Feder des 1916 als Vertretung Ražuns eingesetzten Pfarrers erfahren wir, dass Matevž Ražun 1908 auch den slowenischen Marienverein (Marijina družba) in St. Jakob gründete. Dieser Verein war eine Einrichtung für Frauen im heiratsfähigen Alter, die sich zu einem katholischen Leben verpflichteten und sich regelmäßig zum gemeinsamen Gebet und zum Studium der Bibel trafen.

Ražun selbst wurde am 27. März 1916 unter Verdacht des Hochverrates verhaftet. Der wahre Grund seiner Arretierung war wohl sein öffentliches Bekenntnis zum Slowenentum.[134] Ihm wurde vorgehalten, Gelder für Serbien gesammelt zu haben.[135] Unter der Bevölkerung kursierte auch das merkwürdige Gerücht, Ražun hätte mit dem Bürgermeister und dem Gemeindesekretär von St. Jakob die Eisenbahnbrücke bei Rosenbach in die Luft gesprengt.[136] Auch in der Pfarrchronik St. Jakob wird erwähnt, dass Ražun der Serbenfreundlichkeit beschuldigt wurde und deshalb in Untersuchungshaft saß.[137]

Matevž Ražun war weder der einzige noch der erste slowenische Geistliche, der in den Jahren des Ersten Weltkrieges wegen Hochverrats verhaftet und

---

[132] Die Zeitung Mir (=Friede) wurde 1882 von Andrej Einspieler gegründet und diente als Sprachrohr der Kärntner Slowenen.

[133] Mir 25.a (Klagenfurt vom 29. Juni 1914) S. 1.

[134] Siehe auch Kapitel 2.1 Die Geschichte der Kärntner Slowenen von der Monarchie bis zur Volksabstimmung.

[135] Vgl. Anfrage des Abgeordneten Dr. Korošec und Genossen an das Gesamtministerium, betreffend die Verfolgungen der Kärntner Slowenen während des Krieges. In: Peter G. Tropper, Nationalitätenkonflikt, Kulturkampf, Heimatkrieg. Dokumente zur Situation des slowenischen Klerus von 1914-1921 (Klagenfurt 2002) S. 52f.

[136] Vgl. ebd. S. 53.

[137] Vgl. Pfarrchronik St. Jakob/Šentjakob. Eintrag vom für das Jahr 1920 in slowenischer Sprache verfasst.

vor ein Militärgericht gestellt wurde. Es gab insgesamt drei solcher Kampagnen gegen die slowenische Geistlichkeit, wobei die erste unmittelbar nach Kriegsbeginn zwischen August und November 1914, die zweite zwischen Mai und September 1915 und die dritte, der auch Ražun zum Opfer fiel, zwischen Februar und Juli 1916 stattfand. Von den, den Slowenen feindlich gesinnten Teilen der Bevölkerung, wurde verbreitet, der slowenische Klerus schicke Geld nach Serbien, unterhalte Verbindungen mit Serbien, hetze das Volk gegen Österreich, habe Mitschuld am Verbrechen in Sarajevo usw.[138] Aus der Anfrage Korošecs geht hervor, dass die Geistlichen in vielen Fällen mit aufgepflanztem Bajonett von den Gendarmen abgeführt wurden, ungeschützt den Beschimpfungen der Bevölkerung ausgesetzt waren und in einigen Fällen sogar körperlich misshandelt wurden. Von den, im Zuge der Hetzkampagnen verhafteten 16 Priester, wurden 14 als schuldlos entlassen, zwei jedoch verurteilt. Der Seelsorger der Pfarre Egg bei Hermagor, Anton Sturm, wurde wegen zwei seiner Aussagen zu 18 Monaten schweren Kerkers verurteilt: im Herbst 1914 soll er zu Frau Katharina Arbeiter Folgendes gesagt haben: „Ist halt so; hat unser Kaiser den Krieg angefangen mit den Serben", und im Juli 1915 soll er Frau Theresia Hohenwarter mit folgender Aussage empört haben: „Am Krieg sind nicht die Serben schuld, sondern Österreich, auch am Thronfolgermord trägt nicht Serbien, sondern Österreich die Schuld"[139]. Verurteilt wurde auch Janez Volavčnik, und zwar zu fünf Monaten Kerker, weil er angeblich anlässlich der Abhaltung des Gottesdienstes für den Kaiser am 18. August 1916, die Ehrfurcht vor dem Kaiser dadurch verletzt hatte, dass er beim Singen der Volkshymne eilends den Altar verlassen hatte.[140]

Matevž Ražun entging zwar einer Verurteilung, allerdings konnte er seine seelsorgerische Tätigkeit nach seiner Enthaftung am 7. Juli 1916 auf Kärntner Boden nicht mehr aufnehmen. Überhaupt wurde das gegen Ražun eingeleitete militärgerichtliche Verfahren erst im Mai 1917 eingestellt. Nach

---

[138] Vgl. Eingabe des slowenischen Klerus in Kärnten an den Ministerpräsidenten und an den Minister für Kultus und Unterricht am 25. Jänner 1915. In: Tropper, Nationalitätenkonflikt S. 31 und Anfrage des Abgeordneten Dr. Korošec. In Tropper, Nationalitätenkonflikt S. 53.

[139] Anfrage des Abgeordneten Dr. Korošec. In Tropper, Nationalitätenkonflikt, S. 61.

[140] Vgl. ebd. S. 61.

seiner Verhaftung im März 1916 wurde Ražun zunächst mit 20 bis 30 Häftlingen zusammen in einer Zelle festgehalten, erst einige Tage später verlegte man ihn in eine Einzelzelle, „einen ebenerdigen Raum, der vormittags an hellen Tagen so weit behellt war, dass man lesen konnte"[141].

In der Anfrage Korošecs findet man auch einige Bemerkungen zu den zahlreichen Verhören, denen sich Ražun unterziehen musste. So nannte Polizeikommissär Spitzer als Grund von Ražuns Verhaftung „zu große politische Tätigkeit". Ražun wurde durch den Oberleutnantauditor und Untersuchungsrichter Sedelmeier[142] verhört. Die Anklagepunkte, die gegen Ražun vorgebracht wurden, waren folgende: er gehöre der slowenisch-klerikalen Partei an und habe sich politisch stark betätigt; er habe die utraquistische Schule in Kärnten bekämpft und dieselbe als Germanisierungsanstalt bezeichnet; er habe die slowenische Schule in St. Jakob gegründet; er habe die an die Posojilnica gerichteten Zuschriften der k. k. Bezirkshauptmannschaft in Villach mit deutscher Adresse nicht angenommen[143] und er habe eine Studentenverbindung krainischer Hochschüler gegründet.[144] Korošec hält abschließend fest: „Es redeten überhaupt alle Zeugen, Gendarmen, Richter nur von seiner slowenischen Gesinnung, von seinem slowenischen Jungfrauenverein, von seiner slowenischen Schule etc. Auf dem Worte »slowenisch« lag beim Feldgericht das Hauptgewicht. "[145].

Interessant ist auch, was die Ministerialkommission[146] für Kärnten in ihrem Bericht vom 25. April 1918 über den Fall Ražun schreibt. Zuvor erwähnter Polizeioberkommissar Emil Spitzer erhielt vom 10. Armeekommando die Weisung, festzustellen, ob Pfarrer Ražun – wie seitens des Armeekommandos angenommen wurde – tatsächlich Spionage treibe. Polizeiober-

---

[141] Ebd.

[142] Über Sedelmeier erfährt man bei Korošec, dass er im Nebenberuf Obmann des deutschen Schulvereines war, dass er sich ferner „als fanatischer deutschnationaler Politiker exponiert und [...] vor dem Krieg persönlich an Demonstrationen gegen die Slowenen teilgenommen" hat. Ebd. S. 63.

[143] Der damalige Villacher Bezirkshauptmann Pawlowski bezeichnete Ražun in seiner Zuschrift an das Feldgericht als „verbissenen, überzeugten Slowenen". Anfrage des Abgeordneten Dr. Korošec. In: Tropper, Nationalitätenkonflikt S. 63.

[144] Vgl. ebd.

[145] Ebd

[146] Eine Ministerialkommission und eine Militärkommission hatten Ende 1917 und Anfang 1918 die Stichhaltigkeit der Beschwerden slowenischer Abgeordneter im österreichischen Reichsrat zu prüfen.

kommissar Spitzer konnte Ražun zwar keine Spionage nachweisen, schon aber „national-slowenische Propaganda bis in die letzte Zeit [...], die die öffentliche Ruhe zu stören geeignet sei.“[147] Aus dem Bericht erfährt man, was genau Ražun damals vorgehalten wurde; so wurde ihm vorgeworfen, anlässlich eines Volkstages am 12. Juli 1914, der eigentlich eine Trauerkundgebung für den verstorbenen Thronfolger hätte sein sollen, Propaganda für seine slowenische Schule betrieben haben soll. Außerdem habe Ražun als Obmannstellvertreter des Ortsschulrates der deutschen Lehrerin in St. Jakob, Erika von Vorbeck, „einen Beitrag von 2 K behufs Illuminierung der Schule am Vorabend des Kaisers Geburtstags im Jahre 1915 mit der Begründung verweigert, dass derlei Beleuchtungen nicht üblich seien.“[148] Ein weiteres Vergehen, das Ražun zur Last gelegt wurde, war, dass er sich bei den Kaisermessen während des Singens des Kaiserliedes vom Altar entfernt hatte – ein Benehmen, das laut Spitzers Bericht „Unwillen unter der deutschen Bevölkerung erregt habe“[149]. Schließlich habe sich Ražun der deutschen Lehrerin Vorbeck gegenüber nach dem Einmarsch der Russen in Galizien und nach dem Fall von Przemysl „in einem gegen unsere Armee aufreizenden Sinne geäußert“.[150] Auch soll Ražun einen österreichischen Lokalausschuss eines auf antiösterreichische Propaganda ausgerichteten serbischen Herbergsvereins geleitet haben.[151]

Ražun soll seine Verhaftung hauptsächlich auf die Aussagen der deutschen Lehrerin Vorbeck sowie auf den Ärger der deutschnationalen Kreise in St. Jakob ob seines Wirkens für die slowenische Schule in St. Jakob zurückgeführt haben. Tatsächlich war die Lehrerin Vorbeck Spitzers Hauptbelastungszeugin. Wie sich nach den Erhebungen der Ministerialkommission herausstellte, bestand zwischen Spitzer und Frau Vorbeck ein Liebesverhältnis, das beide zunächst bestritten, nach den Zeugenaussagen anderer aber letztendlich zugaben. Die Lehrerin Vorbeck gab an, Spitzer sei ihr bei

---

[147] Poročilo vladne komisije za Koroško. In: Janko Pleterski, Viri 1 – politično preganjanje Slovencev v Avstriji 1914-1917. Poročili vojaške in vladne komisije (Ljubljana 1980) 50-74, S.56.

[148] In Janko Pleterski, Viri S. 56.

[149] Ebd. 56

[150] Ebd.

[151] Vgl. ebd.

der Erlangung einer Lehrstelle in Velden behilflich gewesen. Spitzer hingegen teilte der Ministerialkommission – „in streng vertraulicher Form"[152] – mündlich mit, es sei ihm „für den Fall eines positiven Ergebnisses der Erhebungen gegen Ražun von militärischer Seite die Erwirkung einer Allerhöchsten Auszeichnung in Aussicht gestellt worden"[153]. Obwohl die Untersuchung gegen Ražun letztendlich eingestellt werden musste, durfte er nicht zurück in seine Pfarre, sondern wurde konfiniert[154] und zog sich in seine Heimatgemeinde St. Kanzian zurück, wo er fortan bei seiner Schwester Elizabeta Ročičjak wohnte. Nach den turbulenten Zeiten der Grenzkämpfe und noch vor der Volksabstimmung, am 6. Jänner 1919, ging Ražun nach Krain, wo er zunächst in Stara Loka den Posten eines Kaplans bekleidete. Zwei Briefe Ražuns an einen Freund[155] belegen, dass Ražun es zwar schätzte, in Stara Loka aufgenommen worden zu sein, er sich aber einsam fühlte und seine Verwandten und Freunde vermisste. Im ersten der beiden Briefe, datiert mit 13. Mai 1925, bittet er seinen Freund, ihm bei der Beschaffung der für eine Bewerbung um die Pfarre Pameče bei Slovenj Gradec notwendigen Dokumente behilflich zu sein: „Ich habe gar keine Dokumente hier und weiß überhaupt nicht, ob dieselben zur Zeit der öfteren Hausdurchsuchungen verloren gegangen sind oder ob sie noch in St. Jakob oder in St. Kanzian irgendwo verlegt liegen."

Aus dem zweiten Brief (datiert 22. Mai 1925) geht hervor, dass ein Besuch Ražuns bei der Familie in Kärnten mit erheblichen Umständen verbunden war. In der Woche, die zwischen den beiden Briefen lag, wurde Ražun davon in Kenntnis gesetzt, dass sein „einziger Bruder todesgefährlich er-

---

[152] Ebd. S. 58.

[153] Ebd.

[154] Korošec führt zum Fall Ražun noch an, dass, „obwohl es Wunsch des Kaisers ist, dass Konfinierungen in weitem Maße aufgehoben werden und, obwohl die Untersuchung gegen Ražun eingestellt ist, obwohl das Fürstbischöfliche Ordinariat diesbezüglich vorstellig geworden ist bei der Landesregierung, [...] ihn die Landesregierung nicht zurückkehren" lässt. „Es gilt ja im Interesse »Alldeutschlands« die slowenische Schule von St. Jakob, das Werk Ražuns, zu vernichten" Anfrage des Abgeordneten Dr. Korošec. In: Tropper, Nationalitätenkonflikt S. 78.

[155] An wen genau Ražun seine Briefe richtete kann ich leider nicht feststellen, da der Name des Freundes nicht angeführt wird. Da die Briefe in der Personalakte Ražuns des Archivs der Diözese Gurk zu finden sind und in deutscher Sprache verfasst wurden, scheint es eine mit dem Fürstbischöflichen Ordinariat enger verbundene Person gewesen zu sein.

krank sei und dringend wünsche, dass ich ihn besuche". Um seinen kranken Angehörigen besuchen zu können, hatte Ražun bei der Landesregierung in Klagenfurt eine Einreisebewilligung angefordert, auf die er noch immer wartete. Sollte sie eintreffen, so könne er dann nach Laibach gehen, um das nötige Visum des Consulates zu bekommen. Ražun schreibt, dass er „bei dieser Gelegenheit auch das Gesuch um Verlängerung meiner von Jahr zu Jahr gehenden Pensionierung überreichen" werde. Die Stelle in Pameče hatte Ražun offensichtlich nicht bekommen, zumindest wird in späteren Dokumenten nichts davon erwähnt. Aus einem Schreiben des Dekanalamtes in Eisenkappel an das Fürstbischöfliche Ordinariat vom 2.Juli 1941[156] geht hervor, dass Ražun „als Defizient seit 1921 in der Seelsorge in Altlack[157] bei Bischofslack[158] in einer kleinen Pfarre gewirkt hat, jedoch seit 1931 „wegen seiner Nervenschwäche keine Seelsorge mehr ausüben konnte". Bis März 1941 bekam Ražun eine kleine Pension aus Jugoslawien, „nun steht er ohne irgendwelche Unterstützung dar". Das Dekanalamt in Eisenkappel bittet darum, Ražun einen „Ruhegenuss zu bewilligen". Ein solcher wird ihm am 8. August 1941 auch bewilligt; und zwar schreibt das Gurker Ordinariat an das Dekanat in Eisenkappel, dass dem Pfarrer Ražun „eine monatliche Rente von Reichsmark 50.-" bewilligt wird.[159]

Die letzten Jahre vor seinem Tod am 25. Dezember 1943 verbrachte Matevž Ražun – angeblich in geistiger Umnachtung – am Hofe der Ročičjaks in St. Kanzian. Seine geistige Verwirrtheit bewahrte ihn vielleicht davor, die Tragweite der politischen Entscheidungen und die daraus resultierenden Konsequenzen für die slowenische Minderheit zu erkennen. In jedem Fall wurde er durch seinen frühen Tod nicht mehr Zeuge der Ereignisse zwischen Mai 1944, dem Monat der Verhaftung seiner Familienangehörigen, und Jänner 1945, dem Monat ihrer Hinrichtung.

Unter den Dokumenten, die ich in der Personalakte Ražuns im Archiv der Diözese Gurk in Klagenfurt gefunden habe, befindet sich auch eine vom

---

[156] Vgl. Personalakte Ražun des Archivs der Diözese Gurk.
[157] Stara Loka
[158] Škofja Loka
[159] Vgl. Personalakte Ražun.

Tainacher Probst Anton Benetek vorgenommene deutsche Übersetzung von Ražuns Testament.[160] In seinem Testament (verfasst am 13. September 1934) äußert Ražun den Wunsch in seiner Heimatpfarrkirche begraben zu werden.[161] Zu seinen Haupterbinnen bestimmt er seine Schwestern Helena und Franziska und überlässt ihnen seine Einrichtung. Seine Bücher vermacht er der Bruderschaft der Kärntner Priester, „Sodalitas", seine Barschaft (die sich laut den zusammen mit dem Testament aufbewahrten „Bemerkungen zum Testament" auf 1201 Reichsmark beläuft) hinterlässt er jeweils zur Hälfte der Pfarrkirche St. Kanzian und dem Waisenhaus der Schulschwestern in St. Jakob.[162]

Über das Leben und wichtige Ereignisse in St. Kanzian vom Anfang des 20. Jahrhunderts bis Kriegsende

Aus der Pfarrchronik St. Kanzian erfahren wir ein wenig über die Ereignisse während des Ersten Weltkrieges bzw. über die Jahre danach. Während des Krieges halfen etwa 80 russische Gefangene den Bauern bei der Arbeit und ersetzten die Arbeitskraft der in den Krieg einberufenen männlichen Bevölkerung. Es gab keine Hungersnot, wohl aber im Jahr 1918 eine stark grassierende Spanische Grippe und einige Fälle der Ruhrerkrankung.[163]
Im Winter 1918 und im Frühjahr 1919 kam es auch in St. Kanzian zu Gefechten zwischen den jugoslawischen Soldaten und der österreichischen Volkswehr. Von Jänner bis Mai 1919 beherbergte der Pfarrhof in St. Kanzian serbische Soldaten. Die Monate bis zum Plebiszit am 10.Oktober 1920 und die Zeit danach, war auch in St. Kanzian eine Zeit der politischen Aufregung, denn auch in St. Kanzian entschied die Mehrheit der Bevölke-

---

[160] Anton Benetek wurde von Matevž Ražun zum Testamentvollstrecker bestimmt, deshalb war es Benetek, der Ražuns Testament aus dem Slowenischen ins Deutsche übersetzte.
[161] Dieser Wunsch wurde ihm gewährt, sein Grab jedoch im Zuge der Umbauarbeiten entfernt. Jetzt erinnert nur noch eine an der Seitenwand der Kirche angebrachte Tafel an Ihn.
[162] Laut Schreiben vom Pfarramt St. Jakob vom 11. August 1944 existiert das erwähnte Waisenhaus der Schulschwester zu diesem Zeitpunkt nicht. „Wir können also den Betrag von 500 RM nur in der Kirchenkassa bzw. Konto der Pfarre deponieren und auf kommende Tage warten".
[163] Vgl. Pfarrchronik St. Kanzian/Škocjan, der Eintrag trägt kein Datum und keine Unterschrift, ist aber in slowenischer Sprache verfasst und wurde 1934 kontrolliert.

rung für den Verbleib Kärntens bei Österreich.[164] Von meiner Großmutter weiß ich, dass Jožef Ročičjak damals für Jugoslawien stimmte und nach Bekanntwerden des Ergebnisses der Volksabstimmung die Enttäuschung in der Familie groß war.

Ab dem Jahr 1908 wirkte in der Pfarre St. Kanzian der Pfarrer Vinko Poljanec, der von 1921 bis 1927 auch Landtagsabgeordneter der Partei der Kärntner Slowenen (Koroška slovenska stranka) war, später die Funktion eines Kammerrates der slowenischen Landwirtschaftskammer und des Obmannes des slowenischen Kulturverbandes innehatte. Am 12. März 1938 wurde Poljanec wegen eines angeblichen Devisenvergehens zwei Monate lang in schwerer Untersuchungshaft festgehalten. Er kehrte am 11. Mai 1938 zwar zurück in seine Pfarre, verstarb aber wenig später, am 25. August desselben Jahres, wahrscheinlich an den Folgen der Haft.[165] Aus den Einträgen des Administrators und Provisors Theophil Heusel, der die Pfarre St. Kanzian während der Krankheit und nach dem Tod Pfarrer Poljanecs betreute, erfahren wir, dass Poljanecs Begräbnis am 29. August 1938 ein Großereignis war, welches alle Erwartungen übertraf: Nach der Einsegnung wurde der Leichnam in vollem priesterlichen Ornat in die Kirche gebracht. Bei dem Umgang zählte man 80 Geistliche und eine aus allen Teilen des slowenischen Kärntnerlandes herbeigestürmte, unübersehbare Menschenmenge.[166]

Am 1. Dezember 1939 bekam St. Kanzian dann einen neuen Seelsorger, Jožef Koglek, dessen Installation, wie es in der Pfarrchronik heißt, „in der

---

[164] Vgl. Pfarrchronik St. Kanzian/Škocjan, Eintrag trägt kein Datum und keine Unterschrift, ist aber in slowenischer Sprache verfasst und wurde 1934 kontrolliert

[165] Ob der Tod Vinko Poljanec wirklich die unmittelbare Folge seiner Haft war, lässt sich nicht eindeutig beweisen. Dieses Gerücht besteht aber und laut Milena Gröblacher war Pfarrer Poljanec selbst überzeugt davon, dass ihm im Gefängnis Gift verabreicht wurde. Sie schilderte eine Unterhaltung unter vier Augen mit Pfarrer Poljanec, kurz nach seiner Entlassung aus seiner Haft: *Er war im Zuchthaus und musste dort essen und dort haben sie es ihm gegeben, was weiß ich nicht, aber er hat zu mir gesagt: „Am schlimmsten war, dass sie mir keine Löffel gegeben haben". Er musste die Suppe ohne Löffel essen. Das hat er gesagt und er hat auch gesagt: „Ich weiß genau, wann ich dieses Gift getrunken habe."* Interview mit Milena Grölacher, ehemalige Aktivistin der Partisanen in St. Kanzian am 10. November 1987. Aus der Interviewsammlung des Dokumentaionsarchives des Österreichischen Widerstandes (DÖW), geführt von Mirko Messner und Helena Verdel.

[166] Vgl. ebd. Eintrag für das Jahr 1938, in deutscher Sprache verfasst.

heimischen slowenischen Sprache" stattfand, was bei der Bevölkerung einen besonderen Eindruck hinterließ.[167] Im Eintrag zum Jahr 1939 finden auch die nach Ostern 1939 eingeführten Kinderseelsorgestunden Erwähnung, die den nicht zufriedenstellenden Religionsunterricht in der Schule ersetzen sollten. Aus einem sehr kurzen Eintrag für das Jahr 1940 erfahren wir, dass im Herbst 1940 der Religionsunterricht in der Schule in St. Kanzian völlig eingestellt wurde.

Jožef Koglek wurde am 6. April 1941 zusammen mit anderen slowenischen Geistlichen verhaftet und in das Gefängnis in Eberndorf/Dobrla Vas gebracht. Bis zum 30. April wurde er dort festgehalten, dann wurde ihm aufgetragen, binnen 10 Tagen seine Pfarre in St. Kanzian zu verlassen und sich beim Klagenfurter Ordinariat zu informieren, wo sein künftiger Posten sein würde. An den ihm in seiner Pfarre verbleibenden zehn Tagen musste Koglek die Messe hinter geschlossenen Türen lesen, damit die Gläubigen der Messe nicht beiwohnen konnten.[168]

Über die Jahre nach 1940 berichtet Koglek, dass an vielen Türen im Ort die Aufschrift „Kärntner sprich Deutsch" zu finden war und dass die Bevölkerung dermaßen verängstigt war, dass sie es fast nicht mehr wagte, Slowenisch zu sprechen. Die Menschen meinten, mit ihren Kindern Deutsch sprechen zu müssen. Auch die Schule und der Kindergarten trugen zur Germanisierung bei, sodass die Kinder in St. Kanzian letztlich alle Deutsch miteinander sprachen. Nach Kogleks Vertreibung kam ein junger deutscher Pfarrer nach St. Kanzian, der den Auftrag hatte, den Gottesdienst ausschließlich in deutscher Sprache abzuhalten. Auch der Kirchengesang war in diesen Jahren deutsch.[169]

Im Jahre 1940, nach der Kapitulation Frankreichs, kamen französische Kriegsgefangene nach St. Kanzian, um bei der Feldarbeit zu helfen. Den Bauern wurde aufgetragen, die Kriegsgefangenen nicht mit ihnen am sel-

---

[167] Vgl. Pfarrchronik St.Kanzian/Škocjan, Eintrag für das Jahr 1939, in slowenischer Sprache verfasst.

[168] Vgl. Pfarrchronik St. Kanzian/Škocjan, Der Eintrag aus dem ich zitiere wurde nach dem Krieg von Jožef Koglek verfasst und trägt den Titel „Erinnerungen aus den Kriegsjahren" („Spomini iz vojnih let"). Der Eintrag wurde in slowenischer Sprache verfasst und ist nicht datiert.

[169] Vgl. ebd.

Elisabeth vorne links in der Tamburizzagruppe

Elisabeth in der Theatergruppe, 1. Reihe 2. von links

ben Tisch sitzen zu lassen bzw. es ihnen nicht zu erlauben, sich im Bauernhaus aufzuhalten, aber dem wurde meistens nicht Folge geleistet.[170] Auch dem Bauernhof der Familie Ročičjak wurde damals ein französischer Kriegsgefangener zugeteilt, den die Familie gern hatte und der die Mahlzeiten immer mit der Familie zusammen einnahm. Der Franzose, er hieß Denis Cavaille, wurde im Mai 1944 zusammen mit den Ročičjaks verhaftet und kontaktierte zwei Tage nach der Befreiung aus der Haftanstalt Klagenfurt am 5. Mai 1945 Milena Gröblacher, die eine Vertraute der Familie Ročičjak war, in St. Kanzian. Milena Gröblacher konnte sich daran erinnern, dass er schon vor seiner Verhaftung Verbindungen zu den Partisanen unterhielt. Auch er wurde zum Tode verurteilt[171], zur Urteilvollstreckung kam es jedoch nicht mehr. Laut der Erzählung seines Sohnes Bernard Cavaille hätte Denis just an dem Tag mit dem Zug nach Wien zu seiner Hinrichtung überstellt werden sollen, an dem der Klagenfurter Bahnhof bombardiert wurde. Denis wurde also zurück in die Haftanstalt in Klagenfurt gebracht, wo er bis zur Befreiung blieb. Er erzählte Milena Gröblacher, dass er in der Haftanstalt Klagenfurt mehrfach vom Gestapokommissar Hofstätter misshandelt wurde und dass er seine Zelle mit Jožef Ročičjak geteilt hatte, der ihm auch noch einen Teil seiner Nahrung abgab.[172] Angeblich hat meine Großmutter Denis im Gefängnis in Klagenfurt noch einmal getroffen, wo er ihr versprach, sie nach Kriegsende wieder aufzusuchen. Meine Großmutter hat erzählt, dass er ihren Sohn Valentin sehr lieb gewonnen hatte, da auch er Sohn und Tochter in Frankreich hatte zurücklassen müssen. Nach dem Krieg hatte sich Denis allerdings nicht mehr gemeldet. Im Jahr 2008 gelang es uns, die Nachfahren von Denis in Frankreich ausfindig zu machen. Sein Sohn Bernard erzählte uns, dass Denis nach dem Krieg wohlbehalten zu seiner Familie zurückgekehrt war und die Familie Ročičjak mehrfach in seinen Erzählungen mit Respekt und Bewunderung erwähnt hatte; er war froh gewesen, bei „guten" Leuten untergekommen zu sein, die Hitlers Regime genauso verachteten wir er. Denis Cavaille starb 1994, unser Brief erreichte die

---

[170] Vgl. Pfarrchronik St. Kanzian/Škocjan, Eintrag Erinnerungen aus den Kriegsjahren in slowenischer Sprache verfasst.

[171] Er wurde nicht mit den Mitgliedern der Familie Ročičjak angeklagt und verurteilt.

[172] Vgl. Milena Gröblacher, Sodelovanje s partizani v okolici Škocjana. In: Slovenke v narodnoosvobodilnem boju II-2, Ljubljana 1970, 974-977, S. 977.

Familie zu spät, im Jahr 2010 aber besuchten uns Denis Sohn und zwei seiner Enkeltöchter in Klagenfurt, um die Stätten zu sehen, an denen ihr Vater bzw. Großvater die schweren Kriegsjahre verbracht hatte.

Koglek erwähnt in seinem Bericht über die Kriegsjahre auch die 1943 einsetzende Partisanentätigkeit, die anfänglich vor allem in St. Veit im Jauntal/Šentvid v Podjuni stark war.[173] Auch Andrej Plajer berichtet in seinem Beitrag über das „Partisanennest in St. Veit im Jauntal", demzufolge im Jahr 1943 in St. Veit der erste örtliche Ausschuss der OF für das Jauntal gegründet wurde.[174]

Oft gaben sich auch Spitzel der Gestapo als Partisanen aus, um herauszufinden welche der Familien die Partisanen unterstützten. Jeder, den sie der Unterstützung der Partisanen überführten, wanderte sofort in Gefängnis. Die restlichen Familienangehörigen wurden oft ausgesiedelt. Koglek berichtete, dass die Menschen in der Pfarre St. Kanzian in großer Angst lebten.

Ihre Angst beschränkte sich nicht nur darauf, von der Gestapo verhaftet oder ausgesiedelt zu werden, sondern sie fürchteten sich auch ihren religiösen Pflichten nachzugehen. Die Kinder mussten Sonntagvormittags immer zum Appell der Hitlerjugend. Koglek weist darauf hin, dass es vermerkt wurde, wenn ein Kind nicht am Appell teilnahm, sondern dem Gottesdienst beiwohnte. Darum wagten sehr viele Eltern nicht ihre Kinder wie üblich zum Sonntagsgottesdienst zu schicken.[175]

Die Partisanengruppe Käfer

Milena Gröblacher, die in einer nationalbewussten slowenischen Familie in St. Kanzian aufwuchs und sich schon ab dem Jahr 1943 aktiv am Widerstand beteiligte, erinnert sich, dass die ersten Partisanen das Jauntal Ende 1943, Anfang 1944 erreichten. Unter ihnen war auch die so ge-

---

[173] Vgl. Pfarrchronik St. Kanzian/Škocjan, Eintag für das Jahr 1943 von Pfarrer Koglek in slowenischer Sprache verfasst.

[174] Andrej Plajer, Partizansko gnezdo v Šentvidu v Podjuni. In: Koledar slovenske Koroške (Celovec/Klagefurt 1950) 64-67, S.64.

[175] Vgl. Pfarrchronik St. Kanzian/Škocjan, Eintrag für das Jahr 1943 von Pfarrer Koglek in slowenischer Sprache verfasst.

nannte Gruppe Käfer, deren Anführer den Decknamen Aleš trug.[176] Aleš war laut Anklageschrift Nachrichter[177] und Mitglied des VOS (Varnostna obveščevalna služba), des Sicherheits- und Nachrichtendienstes der Partisanen. Ein weiteres Mitglied der kleinen Gruppe Käfer war der spätere Mitangeklagte Klančnik, der den Partisanennamen Stojan trug und sich im November 1943 den Partisanen angeschlossen hatte. Klančnik wurde bei einem Gefecht im Mießtal verletzt und festgenommen, deshalb löste ihn ab Mai 1944 der flüchtige Soldat Stefan Prikeršnik,[178] der den Partisanennamen Tiger führte, als Begleiter von Aleš, ab. Beide, Tiger und Aleš, unterhielten schon seit längerer Zeit Verbindungen zu deutschsprachigen Orten hin bis nach Ettendorf.[179]

Der Gruppe Käfer schloss sich auch Janko Hobel aus Pogerschitzen/Pogrče bei St. Veit im Jauntal an. Mitglied dieser Gruppe war auch Rado Lipičar, der am 6. Februar 1923 in Schwarzenbach bei Ravne/Črna geboren wurde und sich im März 1944 den Partisanen anschloss. Er war sowohl als Kämpfer als auch als Nachrichter tätig. Ins Jauntal kam er Ende März 1944 zusammen mit einer kleinen Gruppe von Partisanen.[180] Es war Rado, von dem Milena Gröblacher ihre Aufträge erhielt.[181]

Der geistige Führer und gleichzeitige Namensgeber der Gruppe war Markus Käfer. Anfangs beherbergte und verpflegte er Aleš und Stojan nur, bald aber schon half er aktiv mit. Er setzte es sich zum Ziel, das ganze Gebiet durch einen gut ausgebauten Nachrichtendienst zu erfassen. Außerdem übertrug man ihm die Aufgabe, eine Person zu finden, die sich als Terrain-

---

[176] Es war mir nicht möglich herauszufinden, wie Aleš tatsächlich hieß. Aleš wird zwar in den verschiedenen Berichten und Artikeln oft erwähnt, allerdings immer nur mit seinem Decknamen, was darauf hinweist, dass er kein Einheimischer war. Vgl. Milena Gröblacher, Na koncu so vsi silili v partizane. In: Po sledovih. Pričevanja koroških Slovencev 1920-1945, ed. Slovenska prosvetna zveza. (Celovec/Klagenfurt 1991) 329-337, S.329.

[177] Ein Nachtrichter hatte die Aufgabe für die Partisanen Leute auszuhorchen und geheime Informationen für die Partisanen zu sammeln.

[178] Štefan Pikeršnik wurde laut Auskunft eines Mitarbeiters des Archivs der Republik am 1. Jänner 1919 im Kreis Völkermarkt geboren.

[179] Vgl. BAB, Anklageschrift des ORA beim VGH gegen Johann Klantschnik u. a., S. 9.

[180] Rado Lipičar, Žrtve v Podjuni. O deležu Mičejevih iz Šentvida. In: Vestnik koroških partizanov 2 (Ljubljana 1984), 51-59, S. 51.

[181] Vgl. Gröblacher, Sodelovanje s partizani, S. 947.

Markus Käfer, der Anführer der Partisanen von Ettendorf, mit seiner Frau Irma

Haus der Familie Ročičjak in Kleindorf

arbeiter[182] eignen würde, und diese über die Drau ins Mießtal zu bringen. Markus Käfer nahm den Partisanennamen Knapp an und wurde zu einem der aktivsten Mitglieder dieser Gruppe.[183]

Milena Gröblacher traf zum ersten Mal beim Bauern Kačnik vulgo „Jogr" in Kleindorf bei St. Kanzian auf Partisanen der Gruppe Käfer. Der Bauer Kačnik und auch alle anderen Bauern Kleindorfs unterstützten die Partisanen, die regelmäßig ins Dorf kamen. Hauptsächlich trafen sich die Partisanen der Gruppe Käfer aber auf dem Hof der Ročičjaks in Kleindorf/Mala vas.[184] Doch nicht nur die Gemeindebürger, die die Partisanen unterstützten, sondern auch jene, die nicht mit ihnen sympathisierten, mussten mit ihnen Bekanntschaft machen. Anfang März 1944 führte eine Gruppe von Partisanen unter der Leitung von Ivan Pečnik, der den Decknamen Krištof[185] trug, eine militärische Propagandaaktion in St. Kanzian durch. Milena Gröblacher schildert ihre Erinnerungen an die Kinovorstellung, welche die Partisanen unterbrachen, um den Gemeindemitgliedern zu erklären, wer sie sind und wofür sie kämpfen:

Wir waren im Kino und sahen einen deutschen Film. Mitten in der Vorstellung schreit jemand mit aller Kraft in den Saal: „Hände hoch!" [...] Alle hoben sofort ihre Hände, Krištof stellte sich auf den Stuhl und begann zu sprechen, wer die Partisanen sind und was sie wollen. Mittlerweile zerstörten andere Partisanen den Filmprojektor und den Film. Es dauerte nur eine halbe Stunde und alles war vorbei. Diejenigen, die mit den Deutschen zusammenarbeiteten, hatten nach dieser Aktion sehr große Angst, bei unseren Leuten wuchs jedoch die Moral. [...] Diesen Abend wurde auch der St. Kanzianer Bürgermeister und Ortsgruppenleiter der NSDAP, Krasnik, liquidiert. Während der Vorstellung warfen die Zuschauer alle nazistischen Zeichen von sich. Jemand legte sogar die Pistole ab. Die Partisanen hatten die Ab-

---

[182] Ein Terrainarbeiter hatte die Aufgabe als politischer Kommissar für ein bestimmtes Gebiet zu wirken, neue Partisanen anzuwerben sowie auch Nahrung und andere Notwendigkeiten für die Partisanen zu sammeln.

[183] Vgl. BAB, Anklageschrift des ORA beim VGH gegen Johann Klantschnik u. a. S. 10f.

[184] Vgl. Gröblacher, Sodelovanje s partizani S. 974.

[185] Der Waldarbeiter Ivan Pečnik stammte aus Vellach/Bela und war als politischer Kommissar der Partisanen im Gebiet nördlich der Drau tätig. Interview mit Peter Kuhar, Obmann des Verbandes der Kärntner Partisanen, Klagenfurt am 5. Jänner 2006.

sicht, auch den Gemeindesekretär zu bestrafen, der ein ebenso verbissener Nazi wie der Bürgermeister war, doch er konnte sich rechtzeitig verstecken. Die Leute waren am allermeisten darüber verwundert, dass die Partisanen alle Nazis beim Namen aufriefen. Sie hatten ein Verzeichnis aller begeisterten Hitler-Anhänger in St. Kanzian. Als der Bürgermeister verurteilt und erschlagen war, ergriff Krištof noch einmal das Wort und erklärte, warum sie den Bürgermeister erschlagen und den Filmprojektor zerstört hatten.[186]

Diese Aktion löste große Aufregung unter einigen Gemeindebürgern und der örtlichen Polizei aus, doch keiner der Partisanen, die an der Aktion beteiligt waren, konnte gefasst werden. Zwar gelang es einem Jungen während der Kinovorstellung zu türmen und die Polizei in Kühnsdorf/Sinča Vas zu verständigen, doch als die Polizisten das Kino stürmten, waren die Partisanen schon wieder verschwunden.[187]

Aleš und Tiger, die Widerstandskämpfer aus der Gruppe Käfer, hatten weniger Glück. Sie wurden im Mai 1944, als sie gerade auf einem mit Stroh getarnten Wagen die Draubrücke überqueren wollten, von Nationalsozialisten kontrolliert und entdeckt. Aleš[188] kam dabei ums Leben, während Tiger in deutsche Gefangenschaft geriet. Unklar ist, ob sich Aleš selbst das Leben nahm, wie er es früher, laut Erzählungen, oft mit den Worten: „Die letzte Kugel ist meine", angekündigt hatte, oder ob ihn die Nationalsozialisten

---

[186] Gröblacher, Sodelovanje s partizani, S. 974. Diese Propagandaaktion der Partisanen wird auch in der Pfarrchronik von St. Kanzian im Eintrag Erinnerungen auf dem Krieg von Josef Koglek erwähnt. Der Eintrag wurde in slowenischer Sprache verfasst und ist nicht datiert.

[187] Vgl. Gröblacher, Sodelovanje s partizani, S. 974.

[188] Der slowenische Historiker Marjan Linasi vertritt in seinem Buch „Koroški partizani" diesbezüglich eine andere Version: „Aleks" war der Partisanenname von Julijan Vodopivec. Er war Leiter des VOS und zuständig für das Mießtal und Jauntal. Eine besondere Aufgabe des VOS war u. a. die Liquidierung politischer Gegner. Nach einigen erfolgreichen Aktionen machte sich Aleks gemeinsam mit seinem Begleiter Štefan Prikeršnik zur Aufgabe, den Verwalter und Forstmeister des Grafen Thurn, Rudolf Pleiner, der auch Leiter der örtlichen nazistischen Partei in Črna war, zu liquidieren. Am 28. Mai 1944 übernachteten sie im Haus des Bauern Georg Ferk vulgo Sagmeister in Kleindiex und wurden verraten. Prikeršnik wurde gefangen genommen, Aleks gelang jedoch die Flucht und er konnte trotz intensiver Suche nicht gefunden werden. Rudolf Pleiner fühlte sich bedroht und floh nach St. Andrä im Lavantal. Aleks wurde darüber informiert und folgte ihm mit der Absicht ihn zu töten. Mit dem Zug und einem gefälschten Personalausweis gelang es ihm nach St. Andrä zu gelangen, er konnte jedoch Pleiner nicht finden. Rein zufällig übernachtete er bei einem Bauern, der Pleiner kannte und der sein Jagdgefährte war. Der Bauer meldete Vodopivec der Polizei, die den Hof umstellte und ihn im Schlaf erschoss. Vgl. Marjan Linasi, Koroški partizani. Protinacistični odpor na dvojezičnem Koroškem v okviru slovenske Osvobodilne fronte (Klagenfurt/Celovec 2010) S. 110 und S. 547-549.

richteten. In der Hoffnung sein eigenes Leben retten zu können, vermutlich auch unter Folter, gab Tiger die Namen eines großen Teiles der Gruppe Käfer preis.[189] Aufgrund dieser seiner Aussagen wurden im Mai und im Juni 1944 Maria und Markus Zellnig, Markus und Irma Käfer, Josefine Kampl,[190] Jožef, Elizabeta und Frančiška Ročičjak, Jožefa Trobej, Marija Krasnik, Terezija sen. und Terezija jun. Mičej sowie Stefan Kumer von der Gestapo festgenommen.

Die Verhaftung der Mitglieder der Gruppe Käfer

Die Familie Ročičjak verrichtete gerade ihre Arbeit auf dem Feld, als sie von der Gestapo am 30. Mai 1944 verhaftet wurde. Verhaftet wurden der Vater Jožef und die Töchter Elizabeta und Frančiška Ročičjak, Marija Krasnik[191] (geborene Ročičjak) wie auch Jožefa Trobej (geborene Ročičjak). Jožefa Trobej, die bereits Mutter eines dreijährigen Sohnes war, brachte diesen in Begleitung eines Gendarmen noch schnell zum Nachbarn Kačnik, bevor sie zusammen mit ihren Familienangehörigen mit dem Auto zuerst nach Völkermarkt und dann weiter nach Klagefurt gebracht wurde. Erst nachdem sie die Gestapo ausführlich verhörte, wurden sie in ihre Zellen gebracht.[192]

Nur einen Tag später am 1. Juni 1944 wurden Mutter und Tochter der Familie Mičej aus St. Veit im Jauntal verhaftet. Auch diese hatten schon seit einiger Zeit Verbindungen zu den Partisanen der Gruppe Käfer. Die

---

[189] Vgl. Gröblacher, Na koncu so vsi silili v partizane S. 329 und vgl. Andrej Mitsche, Čakanje. In: Po sledovih, Po sledovih. Pričevanja koroških Slovencev 1920-1945, ed. slovenska prosvetna zveza. (Celovec/Klagenfurt 1991) 337-339, S. 338.

[190] Angeblich wurden Markus und Irma Käfer, Maria und Markus Zellnig, sowie Josefine Kampl nicht von Štefan Prikeršnik, sondern von Leuten aus ihrer Nachbarschaft in Ettendorf verraten. Ob es sich dabei nur um ein Gerücht handelt oder der Wahrheit entspricht, kann nicht nachvollzogen werden. Im Laufe meiner Recherche ist mir aber aufgefallen, dass Markus Zellnig und Markus Käfer am 13. Juni, Maria Zellnig sowie Irma Käfer am 14. Juni und Josefine Kampl erst am 18. Juni 1944 verhaftet wurden, was auf den Verrat durch eine andere Person hinweisen könnte. Alle fünf der Gruppe Käfer, die aus Ettendorf stammten, waren Kärntner deutscher Muttersprache und der slowenischen Sprache nicht mächtig. Interview mit Romana Zellnig, Schwiegertochter des Mitangeklagten Markus Zellnig, Klagenfurt am 7. Jänner 2006.

[191] Marija Krasnik wurde mit dem Rest der Familie festgenommen, wurde jedoch gemeinsam mit Frančiška Ročičjak am 27. Juni 1944 wieder aus der Haft entlassen. Im Gegensatz zu Frančiška, die mit den anderen Familienmitgliedern trotz ihres jugendlichen Alters mitangeklagt wurde, kam Marija ohne Anklage davon.

[192] Aus einem Gespräch mit Josefa Trobej, St. Kanzian am 22. September 2001.

Elizabeta Ročičjak

Jožef, Ročičjak

Tochter Terezija war als Kurierin tätig. Sie unterhielt Kontakte bis nach Klagenfurt und ins Rosental. In Klagenfurt war Miha Rigl, der den Partisanennamen Peter führte, ihr Ansprechpartner. Zwischen ihm und den Partisanen, die sich im Gebiet der Petzen aufhielten, gab es ständigen Kontakt. Terezija brachte die Briefe Peter, ihrem Mittelsmann in Klagenfurt, und bekam dann von ihm verschiedenstes, für die Partisanen bestimmtes Material. Im Rosental hatte sie Verbindungen zu Janez Weiss,[193] der schon seit Mai 1943 gemeinsam mit Matija Verdnik den Widerstand im Rosental organisierte.[194]. Neben ihrer Tätigkeit als Kurierin unterstützte Terezija Mičej jun. die Partisanen auch indem sie Sanitätsmaterial und andere für die Partisanen lebensnotwendigen Sachen sammelte. Das Haus der Mičejs war ein von den Partisanen im Jauntal häufig besuchter Treffpunkt. Die Mičejs beherbergten Partisanen und pflegten kranke oder verletzte Widerstandskämpfer.[195]

Der Vater Andrej Mičej, der aufgrund seiner Sehbehinderung nicht festgenommen wurde, beschreibt den Tag der Verhaftung folgendermaßen:

[...] Es war ein schöner sonniger Tag, als sie mit zwei Autos ins Dorf einfuhren und sofort unser Haus umzingelten. [...] Sie kamen angeführt von dem Gestapo-Kommissar Hofstädter[196] um neun Uhr in der Früh. Sofort mussten meine Tochter und meine Frau in ein Zimmer im ersten Stock zum Verhör. [...] Der Hofstädter verprügelte meine Tochter beim Verhör. Zwei Stunden lang hielten sich die Gestapo-Männer und die Polizisten in unserem Haus auf. Alles haben sie uns genommen. Auch meinen Radioapparat und meine Schreibmaschine nahmen sie mir, die mir als Blinden die einzige Freude waren. Meine Frau und meine Tochter arretierten sie und brachten sie nach Klagenfurt. Mich nahmen sie zwar nicht fest, aber ich musste das Haus verlassen und zum Nachbarn gehen, wo ich sechs Wochen lang blieb. Unser Haus wurde abgesperrt, davor aber räumten sie natürlich alles aus. So

[193] Vgl. Andrej Mičej, Obešeni v Gradcu. Slovenke v narodno osvobodilnem boju II-2 (Ljubljana 1970) 1156-1158, S. 1156.

[194] Vgl. Janez Weiss, Odpor v srednjem Rožu. In: Po sledovih. Pričevanja koroških Slovencev 1920-1945, ed. Slovenska prosvetna zveza. (Celovec/Klagenfurt 1991) 344-347, S. 344.

[195] Vgl. Mičej, Obešeni v Gradcu S. 1156.

[196] In der Anklageschrift wird dieser als Zeuge angeführt und wird Kriminalassistent Franz Hofstätter genannt.

Andrej u. Therese Mičej sr. mit Tochter Therese jr. und Sohn Stefan Kumer

Haus der Familie Mičej in St.Veit im Jauntal

brachten sie meine Tochter Rezika, die damals gerade im Garten arbeitete,
und meine Frau Terezija, die damals gerade in der Küche beschäftigt war,
für immer weg von unserem Haus.[197]

Auch der Halbbruder Terezija Mičejs jun., Stefan Kumer aus Rotschit-schach/Ročiče[198] bei St. Kanzian, wurde am selben Tag arretiert.[199] Die anderen zur Gruppe Käfer zählenden Personen, die mit den Verhafteten aus St. Kanzian und Umgebung zusammen verurteilt wurden, stammten bis auf Janez Klančnik aus dem Kreis Wolfsberg. Ich konnte leider lediglich das Datum ihrer Verhaftung herausfinden, andere Einzelheiten zum Ablauf der Arretierung sind mir nicht bekannt.

Polizei und Gestapo

Die Polizei wurde im Dritten Reich keineswegs vollständig neu formiert, die polizeilichen Strukturen wurden zu einem großen Teil beibehalten. Inhaltlich gab es aber sehr wohl eine Änderung, weil sich die Polizei in der NS-Zeit nicht an einem staatlichen Rechtsprinzip orientierte, sondern auf dem „Führer-Prinzip" basierte.

Die Rechtsgrundlage für die Außerkraftsetzung der rechtsstaatlichen Schranken hinsichtlich der polizeilichen Tätigkeiten war die Verordnung zum Schutz von Volk und Staat vom 28. Februar 1933, die einen Tag nach dem Reichstagsbrand in Kraft trat. Mit der Verordnung wurde es der Polizei erlaubt, sowohl die persönliche Freiheit des Einzelnen, sein Recht auf freie Meinungsäußerung und auf Pressefreiheit zu beschneiden bzw. wurde es genehmigt, in das Post-, Brief- und Fernsprechgeheimnis einzugreifen.[200]

---

[197] Vgl. Mičej, Obešeni v Gradcu S. 1156.

[198] Ich habe im Ortsnamenverzeichnis von Südkärnten keinen Ort mit diesem Namen gefunden. Es könnte sich dabei um einen Fehler in der Anklageschrift handeln, da auch Ortskundigen in der Gemeinde St. Kanzian ein Ort mit diesem oder einem ähnlichen Namen nicht bekannt ist.

[199] Lipičar, Žrtve v Podjuni S. 55.

[200] Vgl. Peter Nitschke, Polizei und Gestapo. Vorauseilender Gehorsam oder polykratischer Konflikt? In: Die Gestapo Mythos und Realität, ed. Gerhard Paul und Klaus-Michael Mallmann (Darmstadt 1995) 306-322, S.307f.

Vor allem die Gestapo (geheime Staatspolizei) wurde in der Zeit des Nationalsozialismus neu organisiert. Der Runderlass vom 26. April 1933 verfügte, dass das Gestapa (geheimes Staatspolizeiamt) in politisch-polizeilichen Belangen an die Stelle des preußischen Landeskriminalpolizeiamtes treten sollte. Mit dem Gesetz vom 30. November 1933 wurde die Gestapo dann ein selbständiger Zweig der inneren Verwaltung. Der erste Leiter der Gestapo war Rudolf Diels, der im April 1943 von Reinhard Heydrich abgelöst wurde.[201]

Im Juni 1936 wurde der Reichführer der SS, Heinrich Himmler, von Hitler zum Chef der deutschen Polizei ernannt. Dadurch wurde die ganze Polizei und damit auch die Gestapo der SS-Führung unterstellt. Es folgte eine Zentralisierung der gesamten deutschen Polizei. Die Gestapo und die Kriminalpolizei wurden im Amt der Sicherheitspolizei (Sipo) zusammengelegt. Die Sicherheitspolizei wiederum wurde im Jahr 1939 mit dem Sicherheitsdienst (SD) der SS und der Ordnungspolizei (damit ist die uniformierte Polizei gemeint) zum Reichssicherheitshauptamt (RSHA) zusammengeschlossen. Zum unmittelbaren Chef der Gestapo wurde Heinrich Müller ernannt. Damit wurde eine nationalsozialistische Exekutive geschaffen, die ihre Aufgabe vor allem in der rassischen Reinhaltung des deutschen Volkes und der Abwehr sowie Vernichtung der völkischen und politischen Gegner sah und ungeachtet von juristischen Beschränkungen allein den Führerwillen Folge zu leisten hatte.[202]

Mit dem Anschluss Österreichs an das Deutsche Reich wurde auch die österreichische Polizei in das deutsche Organisationsschema integriert. Am 14. März 1938 begannen die Nationalsozialisten mit der Abschaffung der ständestaatlichen Polizeiinstitutionen. Die österreichische Polizei unterstand ab sofort direkt dem Reichsführer SS. Außerdem wurde eine Abteilung Ordnungspolizei, die sich aus Schutzpolizei, Gendarmerie und Gemeindevollzugspolizei zusammensetzte, und eine Abteilung Sicherheitspo-

---

[201] Vgl. ebd. S. 311.
[202] Vgl. Michael Wildt, Radikalisierung und Selbstradikalisierung 1939. Die Geburt des Reichssicherheitssamtes aus dem Geist des völkischen Massenmords. In: Die Gestapo im zweiten Weltkrieg, ed. Gerhard Paul und Klaus Michael Mallmann (Darmstadt 2000), 11-41, S.11-13.

lizei, die aus der geheimen Staatspolizei und der Kriminalpolizei bestand, gebildet.[203]

In sieben Landeshauptstädten wurden bis zum Ende des Jahres 1938 Stapo-Stellen errichtet.[204] Diese Stellen hatten die Aufgabe, die politisch-polizeilichen Angelegenheiten in den jeweiligen Bundesländern zu erledigen. Die Gestapostelle Klagenfurt wurde im Gebäude der „Burg" in der Burggasse untergebracht. Sowohl das Gestapa Berlin, das im Jahr 1939 zum Reichssicherheitshauptamt umgegliedert und umbenannt wurde, als auch die Gestapoleitstelle in Wien waren befugt den Gestapostellen der ehemaligen österreichischen Bundesländer Weisungen zu erteilen und Berichte von ihnen anzufordern.[205]

Die Amtsbereiche der Gestapo-Behörden Linz und Wien vergrößerten sich durch die Eingliederung der sudentendeutschen Gebiete in das Großdeutsche Reich. Im April 1941 erweiterten sich wegen der Besetzung Jugoslawiens durch die deutsche Wehrmacht auch die Gestapobehörden Graz und Klagenfurt.[206]

Die Zusammenarbeit der Gestapobehörde in Klagenfurt mit dem RSHA hatte seinen Höhepunkt in den Jahren zwischen 1940 und 1943. Ab 1943 nahmen die Kontakte der Gestapostelle Klagenfurt mit der Gestapoleitstelle in Wien wieder zu, weil dort in Frühjahr 1943 eine zentrale Stelle zur Bekämpfung des Kommunismus und Marxismus in Österreich eingerichtet wurde.

Die Gestapostelle in Klagenfurt umfasste drei Abteilungen. Die Abteilung I war für die Belange Verwaltung und Personal zuständig, die Abteilung II beschäftigte sich mit der sogenannten „Gegnerforschung und Gegner-

---

[203]   Vgl. Wolfgang Neugebauer, Der NS-Terrorapparat. In: NS-Herrschaft in Österreich, ein Handbuch ed. Emmerich Talos, Ernst Harnisch, Wolfgang Neugebauer u.a. (Wien 2000) 721-766, S. 727.

[204]   Die ehemaligen österreichischen Bundesländer Salzburg, Kärnten, Tirol/Vorarlberg (der Amtsbereich der Gestapo-Stelle Innsbruck erstreckte sich auch auf Vorarlberg), die Steiermark und das Südburgenland bildeten der Wehrkreis XVIII und die verbleibenden österreichischen Bundesländer Wehrkreis XVII.

[205]   Vgl. August Walzl, Als erster Gau … . Entwicklungen und Strukturen des Nationalsozialismus in Kärnten (Klagenfurt 1992) S. 141.

[206]   Vgl. Franz Weisz, Personell vor allem ein ständestaatlicher Polizeikörper. Die Gestapo in Österreich. In: Die Gestapo – Mythos und Realität, ed. Gerhard Paul und Klaus-Michael Mallmann (Darmstadt 1995) 439-462,S.439-442.

bekämpfung" und die Tätigkeiten der Abteilung III beschränkten sich auf Spionage und Grenzlandangelegenheiten. Während der Anteil der reichsdeutschen Beamten in den Abteilungen I und II einen Großteil ausmachte, stellten sie in der Abteilung III nur ein Drittel der Beamtenschaft, weil man sich auf die Milieukenntnisse der österreichischen Beamten stützte. Umfasste der Personalstand der Gestapo des Reichsgaues Kärnten einschließlich Osttirols kurz nach dem Anschluss etwa 200 Mann, so stieg dieser im Laufe des Krieges mit der zunehmenden Verfolgung der slowenischen Volksgruppe in Kärnten auf ungefähr 300 Mann an. Aus diesem Grund entwickelte die Gestapo auch ihr eigenes Spitzel-System. Es gab verschiedene Arten von Spitzeln, sogenannte „V-Leute". Zum einen waren es Beamte der Gestapostelle Klagenfurt oder Gestapomitarbeiter anderer Stellen, die sich als Partisanen oder entflohene Kriegsgefangene ausgaben und unter die Leute mischten. Ihre Aufgabe bestand vor allem darin, die Bevölkerung in Versuchung zu führen, Hilfe zu leisten oder Informationen preiszugeben. Zum anderen beschäftige die Gestapo auch viele ehrenamtliche Spitzel, die aus Fanatismus und dem Wunsch, Macht ausüben zu können, für die Gestapo arbeiteten.

Bei der Umorganisation der Gestapo im Jahr 1939 wurden die Abteilungen II und III der Klagenfurter Gestapostelle zu der Abteilung IV zusammengelegt und in eine Reihe von Referaten aufgeteilt. Es gab die Referate Kirche, Juden, Verbrechen nach dem Heimtückegesetz, Spionage, Grenzangelegenheiten und Umsiedlungen, Kriegswirtschaft, Sabotage und Reaktion, Marxismus und Kommunismus, das Referat zur Behandlung von Arbeitsvertragsbrüchigen und das Referat zur Bestrafung polnischer Zwangsarbeiter. Mit der Verfolgung der Partisanen beschäftigte sich das sogenannte Bandenreferat (IV-1a2).[207]

Es musste sich also um Mitarbeiter dieses Referates gehandelt haben, die die Mitglieder der Gruppe Käfer im Frühjahr 1944 festnahmen und in die Haftanstalt Klagenfurt brachten.

---

[207] Vgl. Walz, Als erster Gau... S. 142-148.

Die Haftanstalt in Klagenfurt

Nach ihrer Festnahme kamen die Ročičjaks in die Haftanstalt nach Klagenfurt, die sich im oberen Stockwerk des Gebäudes befand, welches heute das Kärntner Landesgericht beherbergt. Im landesgerichtlichen Gefangenenhaus beanspruchte die Gestapo einen großen Teil der Zellen für ihre eigenen Häftlinge.[208] Leider waren die Gestapoakten zum Fall der Gruppe Käfer nicht auffindbar, deshalb kann nicht nachvollzogen werden, wie die Verhöre der Verhafteten abliefen. Ana Zablatnik[209] aus Ludmannsdorf/ Bilčovs, die ebenfalls im Mai 1944 wegen Unterstützung der Partisanen inhaftiert wurde, erzählt von ihrer Ankunft in der Haftanstalt in Klagenfurt, wo sie von der Gestapo zunächst stundenlang verhört wurde:

Dann haben sie mich hineingebracht zur Gestapo, ich weiß selbst nicht mehr, was sie mich alles fragten. Sie haben nur geschrieben und *geschrieben und sind wieder weggegangen, und du musstest wieder so zwei Stunden dort sitzen, und dann sind sie wieder gekommen. Und sie hatten Gummiknüppel in der Hand, sodass du ganz verängstigt warst und nicht mehr wusstest, wo vorne und wo hinten ist. Das ging so etwa 15 Stunden lang so. Einer sagte mir: „So ein Gesindel wie du es bist, möchte ich alle abschießen, weg damit, was sollen wir denn da mit dem Abschaum.* [210]

Ana Zablatnik wurde dann in die Zelle gesperrt, in die einige Tage später auch Jožefa Trobej gebracht wurde. Jožefa Trobej wurde bei ihrer Ankunft in der Haftanstalt von ihren Familienangehörigen getrennt und musste sich die Zelle mit etwa zwanzig anderen Frauen teilen, unter ihnen auch Ana Zablatnik. Die Zahl der Zelleninsassinnen variierte, manchmal wurden bis zu 45 Personen in dieser Zelle untergebracht.[211]

---

[208] Vgl. ebd. S. 153.

[209] Ana Zablatnik war für die Partisanen als Kurierin tätig und unterstützte sie auch auf jede andere erdenkliche Weise: sie sammelte Geld und Verbandsmaterial und versorgte die Widerstandskämpfer mit Essen und Kleidung.

[210] Interview mit Ana Zablatnik, ehemalige Gefangene der Haftanstalt Klagenfurt, Ludmannsdorf am 29. August 2002.

[211] Vgl. ebd.

Helena Igerc, die im August 1944 verhaftet wurde, beschrieb ihre Ankunft in der Haftanstalt in Klagenfurt folgendermaßen:

Gegen Abend brachten sie uns beide [Helena Igerc und ihre Schwester] in die Zellen. Alles war gedroschen voll, mich drängten sie in die Zelle 81, ganz unter dem Dach, meine Schwester kam auf 79. Die Frauen schrieen: „Alles ist voll, alles ist voll, wo denkt ihr denn, dass wir schlafen werden, es gibt ja keinen Platz und gar nichts". Und sie schupsten dich mir nichts dir nichts hinein und machten die Tür zu [...]. In der Zelle waren wir etwa zu zwanzig, ein kleiner Tisch, vier Betten, auf jeder Seite eines, am Ende zwei. Und da lagen sie und hatten schon alle Betten reserviert, sie waren aus dem Rosental, die halt, die schon eine längere Zeit drinnen waren. Ich drängte gar nicht nach einem Bett und bekam nur mehr einen Schlafplatz ganz bei der Tür. Den Kopf stützte ich ein bisschen gegen die Wand. Ich lag ohne Decke, für unter den Kopf hatte ich nichts anderes als meine Strickjacke, die ich mitgenommen habe. So war unsere erste Nacht.[212]

Die Frauen, deren Interviews ich auswertete, beschrieben die Umstände, unter denen sie in den Monaten ihrer Gefangenschaft leben mussten. Den Inhaftierten war keinerlei Beschäftigung erlaubt. In der Früh musste aufgebettet werden, hinlegen durfte man sich nicht mehr. Manchmal kamen die Gefangenen an Papier und andere Materialien und stellten heimlich Nähkissen, Bilderrahmen oder Rosenkränze aus Brot her.[213] Eine unbeschwerte Unterhaltung der Zelleninsassinnen war unmöglich, denn in die Zellen wurden oft Spitzel geschickt, deren Aufgabe es war, die Gespräche in der Zelle zu belauschen und die Inhalte an die Gestapo weiterzugeben.[214]

Die Gefangenen mussten zu zweit, wenn die Zelle weit überbelegt war auch zu dritt, in einem Bett schlafen. Die Böden waren kalt, doch jeder Frau stand nur eine Decke zur Verfügung. Diejenigen Inhaftierten, die in keinem Bett mehr unterkamen, mussten die Nacht auf dem kalten, mit Stroh

---

[212] Helena Igerc, Poniževanje. In: Po sledovih. Pričevanja koroških Slovencev 1920-1945, ed. Slovenska prosvetna zveza. (Celovec/Klagenfurt 1991) 294-302, S. 295.

[213] Vgl. Ana Zablatnik, Rožni venci iz kruha. In: Po sledovih. Pričevanja koroških Slovencev 1920-1945, ed. Slovenska prosvetna zveza. (Celovec/Klagenfurt 1991) 356-360, S. 358f.

[214] Vgl. Apolonija Schellander, In: Tako smo živeli 5. Življenjepisi koroških Slovencev, ed. Krščanska kulturna zveza in Slovensko narodopisno društvo Urban Jarnik (Celovec 1997) 125-148, S.138.

bedeckten Steinboden verbringen. Die Frauen mussten sich also entscheiden, ob sie die Decke auf den Boden legten, um sich vor der Kälte des Steines zu schützen, oder ob sie sich mit ihr zudeckten.[215] Meine Großmutter Jožefa Trobej zog sich während der Zeit ihrer Inhaftierung eine Knochentuberkulose zu, an der sie Zeit ihres Lebens litt und die sie nach dem Krieg jahrelang ans Bett fesselte und ihr auch später ständig Schmerzen bereitete.

Nicht nur die Kälte, sondern auch die schlechten hygienischen Bedingungen und das karge und spärliche Essen machten den gefangenen Männern und Frauen zu schaffen. In den weit überbelegten Zellen gab es kaum Sauerstoff und es herrschte eine erdrückende Hitze. Auch der Gestank wird als unerträglich beschrieben. Die Inhaftierten mussten ihre Notdurft in einen Eimer verrichten, der nur einmal am Tag gelehrt wurde. Manches Mal ging dieser auch über und musste in der Zelle ausgeschüttet werden. Ein weiterer Eimer mit Trinkwasser diente als Waschgelegenheit. Als besonders unerträglich beschreibt Apolonija Schellander, die sich unter anderen mit Mutter und Tochter Mičej eine Zelle teilte, den Gestank der herrschte, wenn die Frauen ihre Periode hatten und es ihnen nicht möglich war, sich richtig zu waschen bzw. ihnen nur zwei Damenbinden zur Verfügung gestellt wurden.[216]

Auch der Hunger plagte die Inhaftierten. Die Gefangenen bekamen in der Regel drei Mahlzeiten am Tag, die durch eine kleine Luke in der Tür der Zelle gereicht wurden. Frühstück gab es um sieben Uhr und es bestand aus schwarzem Kaffee sowie 10 Dekagramm Brot. Mit dem Brot mussten die Arretierten sparsam umgehen, es gab nämlich nur ein Stück für jeden und dieses musste für den ganzen Tag reichen. Zu Mittag bekamen die Gefangenen einen Teller Suppe vorgesetzt. Die Suppe wurde in der Regel aus Rübenblättern gekocht, freitags aber gab es Blutsuppe. Diese hat Ana Zablatnik als besonders ekelerregend in Erinnerung:

Dann bekamen wir noch so eine Blutsuppe, das war freitags. Damals fasteten wir noch. Wir ärgerten uns immer, warum sie uns gerade freitags so

---

215 Vgl. Interview mit Ana Zablatnik.
216 Vgl. Interview mit Apolonija Schellander, ehemalige Gefangene der Haftanstalt Klagenfurt, Ludmannsdorf am 1. Oktober 2002.

etwas geben. In der Suppe waren Gedärme, das war so ekelhaft. Ich konnte die Suppe anfangs nicht essen, dann war ich aber schon so hungrig, dass ich nur meine Augen schloss und schluckte.[217]

Abends bekamen die Gefangenen nur sehr wenig zu essen, meist nur noch einen weiteren Teller Suppe oder eine Tasse Kaffee.[218]

Neben Hunger, Kälte und den schlechten hygienischen Bedingungen plagte Angst die Gefangenen der Untersuchungshaftanstalt Klagenfurt. Jedes Mal, wenn die Tür zur Zelle geöffnet wurde, wussten die Inhaftierten nicht, was sie als nächstes erwarten würde. Vor allem die Verhöre durch die Gestapo waren gefürchtet, bei denen oft auch Gewalt eingesetzt wurde, um an wichtige Informationen zu kommen. Auch Terezija Mičej jun. wurde während eines Verhöres einmal so sehr misshandelt, dass sie zwei Wochen lang weder sitzen noch liegen konnte. Trotz Folter gestand Terezija Mičej nichts und verriet keinen einzigen ihrer Verbündeten.[219]

Die Häftlinge mussten nicht nur körperliche Gewalt ertragen, sondern waren auch seelischen Grausamkeiten ausgesetzt. Als ein Beispiel dafür möchte ich den 1. November 1944 anführen. An besagtem Tage wurde eine so genannte „Razzia" durchgeführt, weil es angeblich Hinweise darauf gab, dass Häftlinge im Besitz von Waffen waren und ihre Flucht planten. Es kamen einige Gestapo-Männer in Begleitung von Soldaten, um diesen Gerüchten nachzugehen. Alle Gefangenen mussten ihre Zellen verlassen und sich am Gang mit dem Gesicht zur Wand aufstellen. Hinter jedem Inhaftierten stand ein Soldat. Sie durften sich weder miteinander unterhalten noch bewegen. In der Zwischenzeit wurden ihre Zellen durchsucht und ausgeräumt. Sie nahmen ihnen alle Sachen, die die Inhaftierten heimlich in das Gefängnis schmuggelten und sogar das Brot, dass sie sich mühsam zusammengespart hatten. Daraufhin wurde einer nach dem anderen in eine leere Zelle gebracht. In dieser mussten sich die Gefangenen nackt ausziehen, um den Gestapo-Männern auch noch die Untersuchung ihres gesamten Körpers zu ermöglichen. Die Leute der Gestapo amüsierten sich

---

[217] Interview mit Ana Zablatnik.
[218] Vgl. Interviews mit Apolonija Schellander und Ana Zablatnik.
[219] Vgl. Lipičar, Žrtve v Podjuni S. 56.

vor allem auf Kosten der Älteren und etwas stärkeren Frauen.[220] Eine solche Szene wurde von Apolonija Schellander geschildert:

Dann gab es auch eine Zelle, wo die Männer der Gestapo drinnen saßen. Und jede von uns musste hinein und sich ganz ausziehen. Es gab eine sehr dicke Frau. Da sagte der Gestapo-Mann zu ihr: Fuß hoch. Sie war so verzweifelt. Er aber verlangte noch einmal von ihr, den Fuß hochzuheben, dass sie nicht noch etwas zwischen den Beinen versteckte, weil sie so dick war. Sie weinte so sehr.[221]

Ein weiteres Beispiel solcher Demütigungen bzw. Misshandlungen stellte auch die Entlausung der gefangenen Frauen dar, die in Abständen von einigen Monaten immer wieder durchgeführt wurde. Dazu wurden alle Frauen in ein Bad nahe des Klagenfurter Landeskrankenhauses gebracht. Dort mussten sie alle Kleidungsstücke ablegen und sich daraufhin in einen Waschraum mit vielen Duschen begeben. Um die Läuse loszuwerden, wurde in der Zwischenzeit die Kleidung der Inhaftierten ausgekocht. Dies dauerte etwa zwei Stunden. Bis die Wäsche fertig gewaschen und getrocknet war, mussten die Frauen unbekleidet vor den Augen der Gestapo-Männer ausharren und frieren.[222] Eine erschütternde Szene, die sich während einer so genannten Entlausung abspielte, fand ich in einem Bericht von Flora Kotnik, die Anfang des Jahres 1945 in die Haftanstalt Klagenfurt gekommen war:

Weil wir voller Läuse waren, haben sie eines Tages alle Frauen zusammengetrommelt, alte und junge, und uns ins Bad gebracht, um uns zu reinigen. Dort jagten sie uns in einen großen Raum. Sie erteilten uns den Befehl, dass wir uns nackt ausziehen müssen. Als einige ältere bäuerliche Frauen aus Scham zumindest die Unterhose anbehalten wollten, kamen die Aufseherinnen und rissen sie ihnen mit Gewalt vom Körper. Ich sah eine Frau, die sich ein Tuch um die Lenden gebunden hatte und dieses verkrampft an sich zu behalten versuchte – es half nichts, sie zerrissen es. Daraufhin jagten sie uns unter die Duschen. Danach gingen die Aufseherinnen weg und es kamen

---

[220] Vgl. Interviews mit Ana Zablatnik und Apolonija Schellander und vgl. Rezika Wister, Leto dni v Celovških zaporih. In: Slovenke v narodnoosvobodilnem boju II-2 (Ljubljana 1970), 1160-1162, S.1162.

[221] Interview mit Apolonija Schellander.

[222] Vgl. Interview mit Ana Zablatnik.

4 französische Gefangene mit einem Schäferhund hinein. Die Tür wurde zugesperrt und die Fenster geöffnet. Von da aus beobachteten die Gestapo-Männer und die Aufseherinnen das Geschehen und vertrieben sich durch die schrecklichen Szenen die Zeit. Die Gefangenen fingen an die Frauen zu vergewaltigen, der Hund riss ganz wütend an unseren Körpern. Es entstand Unruhe: Taumeln und Schreien, beim Fenster aber Lachen und Unterhaltung. Einige Minuten reichten für das blutige Spiel. Es gab einige Tote. Die, die wir noch geblieben waren als sich die Tür öffnete, konnten unsere Körper kaum hinauszerren.[223]

Die in der zuletzt zitierten Textstelle von Flora Kotnik erwähnten Aufseherinnen wurden von allen Befragten als besonders hinterhältig und gewalttätig beschrieben. Die gefangenen Frauen wurden von ihnen ohne ersichtlichen Grund durch Fußtritte und Schläge mit dem Schlüsselbund ins Gesicht misshandelt bis das Blut floss.[224]

Nicht alle Gefängniswärter fanden Gefallen an dem Leid der Insassen. Unter ihnen gab es auch solche, die Mitleid mit den Gefangenen hatten und versuchten, ihnen zusätzliche Qualen zu ersparen. Vor allem ein Aufseher namens Krameter wurde in diesem Zusammenhang mehrfach erwähnt. Er warnte die Gefangenen vor bevorstehenden Durchsuchungen, versorgte sie, wann immer sich eine Möglichkeit ergab, mit zusätzlichem Essen und spendete Trost, indem er sie über die aussichtslose Lage an der deutschen Front informierte. Auch wenn eine der Frauen erkrankte, versuchte er, ihre Schmerzen mit einfachen, ihm zur Verfügung stehenden Mitteln, wie zum Beispiel Kamillentee bei Bauchschmerzen oder einer Wärmeflasche bei einer Ohrenentzündung, zu lindern.[225]

Neben diesen kleinen Gefälligkeiten mancher Gefängniswärter waren die einzigen Freuden der gefangenen Frauen und Männer die seltenen Besuche

---

[223] Flora Kotnik, V Dravograjskih in Celovških zaporih. In: Slovenke v narodnoosvobdilnem boju II-2, 1162-1172, S. 1168.

[224] Vgl. ebd., vgl. Wister, Leto dni v Celovških zaporih, S. 1161 und vgl. Interview mit Ana Zablatnik.

[225] Vgl. Interviews mit Apolonija Schellander und Ana Zablatnik und vgl. Katerina Andrejčič, Če ne umreš. In: Po sledovih. Pričevanja koroških Slovencev 1920-1945, ed. Slovenska prosvetna zveza. (Celovec/Klagenfurt 1991) 348-352, S. 350f.

ihrer Angehörigen und Freunde. Um jemanden in der Untersuchungshaftanstalt besuchen zu können, musste man zuerst bei der Gestapo um eine Bewilligung ansuchen. Erst wenn man über eine solche verfügte, konnte man seinen Freund oder Angehörigen in der Untersuchungshaftanstalt für einige wenige Minuten zu Gesicht bekommen. Die Besuche fanden in der Regel im Beisein eines Gefängniswärters statt und die Gespräche mussten ausschließlich in deutscher Sprache geführt werden. Die Gefangenen duften bei dieser Gelegenheit den Besuchern auch ihre getragene Wäsche mitgeben, um sie beim nächsten Besuch wieder gewaschen zurückzuerhalten. Auf diesem Wege gelang es den Inhaftierten ihren Lieben zu Hause so manche heimliche Botschaft, die ihren wahren Gefühlen Ausdruck verlieh, zukommen zu lassen. Die Briefe waren gut versteckt, oft wurden sie in die Kleidung eingenäht.[226] So auch der Brief vom 19. Juli 1944, den Apolonija Schellander an ihre Mutter schrieb und in dem sie vor allem ihre Angst vor dem Transport in ein Konzentrationslager schilderte:

Liebe Mutter!
19. Juli 1944
Heute haben wir im Hof einen Spaziergang gemacht, es war richtig schön. Als wir zurückgekommen sind, wartete schon einer mit einer Liste, er las 15 vor, die fürs Lager bestimmt sind, sie kommen wahrscheinlich schon am Freitag in der Früh weiter. Ich weiß nicht, was passiert ist, dass dieser Sondertransport gehen wird. Es gehen auch die Zbajhar und die Frieda Plonar, 3 aus Ferlach und eine vom Bovtežar in Matschach/Mače. Auch die Karner, die meine Ringe hatte. So geht es uns, alle sind wir aufgeregt, vielleicht gehen in Kürze auch wir. Einer sagte wieder, dass wir aus unserer Umgebung (die wir noch geblieben sind) aufs Gericht kommen werden. Wenn sie nur den Vater mit mir gehen lassen würden, dann können sie machen, was sie wollen, ich werde alles überstehen, wenn sie mich nicht erschießen. Bitte schickt mir einen Löffel, einen Behälter für das Wasser und irgendwelche Tropfen für die Reise, wenn möglich ein paar Würfel. No, also bleibt gesund

---

226 Vgl. Interviews mit Ana Zablatnik und Apolonija Schellander.

und macht`s gut, ich weiß nicht, wann ich an der Reihe bin. Verzeiht mir bit-
te, wenn ich euch gekränkt habe und vergesst nicht ganz auf mich. Grüßt mir
noch einmal meinen so teuren, geliebten Heimatort und alle meine Lieben,
ich weiß nicht wo und wie es ein Wiedersehen geben wird. Gott beschütze
euch, in Dankbarkeit, Lonki.
Gestern haben sie zwei Frauen gebracht, eine hat ein sieben Wochen altes
Kind, die zweite ein neunzehn Monate altes, es ist so traurig, bei dieser Nah-
rung, die armen Kinder, alle haben wir mit ihnen zusammen geweint. Bitte
erzählt es niemandem.
Auf Wiedersehen[227]

Die Transporte in die Konzentrationslager fanden normalerweise immer
mittwochs um halb drei Uhr morgens statt. Diese waren von den Inhaftierten sehr gefürchtet, weil ihnen bewusst war, was sie dort erwarten würde.
Oft wurden Frauen und Männer in sehr schlechter körperlicher Verfassung
aus dem Konzentrationslager in Dravograd für einige Tage in der Klagenfurter Haftanstalt untergebracht. Aufgrund des Zustandes dieser und aus
deren Erzählungen konnten sich die Gefangenen der Haftanstalt ein Bild
über das Leben in einem Konzentrationslager machen.[228]
Auf legalem Wege durfte jeder Gefangene nur eine Karte im Monat verschi-
cken. Die Karten mussten in deutscher Sprache verfasst werden und wurden, bevor sie abgeschickt wurden, gelesen und zensiert. Eigentlich durften
die Häftlinge ihren Angehörigen nur mitteilen, dass es ihnen gut gehe und
dass sie gesund seinen, alles andere wurde unleserlich gemacht. Von ihrer
Familie zu Hause durften die Häftlinge keine Post empfangen.[229]
Während des Aufenthaltes in der Haftanstalt Klagenfurt wurden meine
Familienangehörigen und die anderen Mitglieder der Gruppe Käfer immer
wieder von der Gestapo vernommen. Nachdem die Ermittlungen durch
die Gestapo abgeschlossen waren, bekam die Staatsanwaltschaft beim

---

[227] Brief von Apolonija Schellander an ihre Mutter, verfasst am 19. Juli 1944.

[228] Vgl. Lojzka Boštjančič, Res ničesar ne veste? In: Po sledovih. Pričevanja koroških Slovencev 1920-
1945, ed. Slovenska prosvetna zveza. (Celovec/Klagenfurt 1991), 352-355, S. 354.

[229] Vgl. Schellander, in: Tako smo živeli 5 S. 138.

Landgericht die Ermittlungsergebnisse zugeleitet. Der Oberstaatsanwalt beim Landgericht stellte den Ermittlungsgegenstand in einem Bericht an die Oberreichsanwaltschaft in Berlin zusammen. Wenn das Verfahren bei der Oberreichsanwaltschaft beim Volksgerichtshof angelangt war, konnte diese Anklage erheben, oder das Verfahren an die Staatsanwaltschaft beim Landgericht zurücküberweisen. In den meisten Fällen wurde das Verfahren an die Generalstaatsanwaltschaft weitergeleitet, die vor dem Senat des Oberlandesgerichts Anklage erheben sollte. Nicht aber so im Fall der Gruppe Käfer. Das Verfahren wurde an die Oberreichsanwaltschaft beim Volksgerichtshof in Berlin weitergeleitet, welche die Ermittlungen fortführte und am 18. Dezember die Anklageschrift verfasste.[230] Damit war das Schicksal der Mitglieder der Gruppe Käfer mehr oder weniger besiegelt, die Todesstrafe für einen Großteil der Angeklagten war vorprogrammiert.

Die Anklage

Anklage wurde gegen folgende Personen erhoben: den Schmiedegesellen Janez Klančnik, geboren 1920 in Ravne; die Landwirtstochter Maria Zellnig aus Ettendorf, geboren 1920; den Gastwirt und Bauern Markus Zellnig, geboren 1894; den Land- und Gastwirt Markus Käfer aus Lamprechtsdorf; seine Frau Irma Käfer, geboren 1904; Josefine Kampl aus Ettendorf, geboren 1905; den Landwirt Jožef Ročičjak aus Kleindorf, geboren 1884; seine Tochter Elizabeta Ročičjak, geboren 1911; Jožefa Trobej, geboren 1916; das Lehrmädchen Frančiška Ročičjak, geboren 1928; Terezija Mičej aus St. Veit im Jauntal, geboren 1884; ihre Tochter, die Bürstenmachergehilfin Terezija Mičej, geboren 1922 und den Bürstenmachergehilfen Stefan Kumer, geboren 1911.[231]
Nach der Darstellung der persönlichen Verhältnisse der Angeschuldigten

---

[230] Vgl. Wolfgang Form, Politische NS-Strafjustiz in Österreich und Deutschland. Ein Projektbericht: Jahrbuch 2001, ed. Dokumentationsarchiv des österreichischen Widerstandes, 13-34, S.16f.

[231] In der Anklageschrift (Vgl. BAB, Anklageschrift des ORA beim VGH gegen Johann Klantschnik u. a.) werden die slowenischen Namen eingedeutscht. Janez Klančnik wird als Johann Klantschnik bezeichnet, Jožef Ročičjak als Josef Rotschitschjak, seine Töchter als Elisabeth Rotschitschjak, Josefine Trobej und Franziska Rotschitschjak. Terezija Mičej nannte man Theresia Mitsche, wie auch ihre Tochter. Auch aus Štefan Kumer wurde Stefan Kummer.

werden in der Anklageschrift eine kurze Beschreibung des Sachverhaltes bezüglich des Auftretens von Partisanen in Kärnten und die strafbaren Tätigkeiten der einzelnen Angeklagten angeführt.

Darstellung des Sachverhaltes – „Das Auftreten von Banditen in Kärnten"

Die folgenden Zeilen sind eine Zusammenfassung des Punktes „Darstellung des Sachverhaltes – das Auftreten der Banditen in Kärnten" in der Anklageschrift. Der Text gibt eine nationalsozialistische Sichtweise wieder, die beim Lesen berücksichtigt werden muss. Die Anklageschrift beschreibt die ersten Partisanentätigkeiten in Kärnten wie folgt:

In der ersten Zeit nach dem Zerfall Jugoslawiens im April 1941 herrschte in den von deutschen Truppen besetzten Gebieten um Krain noch Ruhe, obwohl von den Kommunisten schon die ersten Vorbereitungen für den Bandenkrieg getroffen wurden. Nur wenige Tage nach dem Ausbruch des Krieges mit der Sowjetunion bewaffneten sich führende Kommunisten in Oberkrain. Diese zogen sich vorerst in die Wälder zurück und begannen Anfang Juli 1941 mit den Überfällen in Oberkrain und der Südsteiermark. Schon bald schlossen sich den Banden auch Nationalslowenen, Sokolanhänger und Klerikale an. Der Hauptsitz der Widerstandsbewegung befand sich in Laibach. Die kommunistischen Banden entwickelten auch eine rege Propagandatätigkeit im deutschen Siedlungsgebiet. Die deutschen Parteidienststellen begannen zwar sofort mit der Gegenpropaganda, doch trotzdem konnten die Banditen bei einzelnen Deutschen Gehör finden.

Unter den Stäben der einzelnen Bandengruppen befanden sich seit Beginn des Jahres 1944 auch englische Offiziere, die mit der Aufgabe betraut waren, Vertrauensleute mit Spionageaufträgen zu versehen. Als Vertrauensleute kamen Personen in Frage, die in Verbindung mit den Banden standen und gleichzeitig die Möglichkeit hatten, im Reichsgebiet zu spionieren. Als Mittelsmänner wurden geschulte Kuriere eingesetzt. Im Zuge einer Polizeiaktion gegen die Banden im Gau Kärnten wurden im Mai 1944 die Bandenkuriere Janez Klančnik und Štefan Prikeršnik festgenommen[232]

Die strafbaren Tätigkeiten, derer die Angeklagten beschuldigt wurden

Dem Angeklagten Janez Klančnik wurde vorgeworfen, dass er schon seit September 1943 Kontakt mit den Partisanen unterhielt und sie zunächst mit Geldspenden und Gebrauchsgegenständen unterstützte. Schließlich schloss er sich im November 1943 ganz den Partisanen an und bekam den Decknamen Stojan. Er nahm unter anderem an dem Überfall auf den Gendarmerieposten Podotsche bei Lavamünd teil, bei dem Waffen und Uniformen sowie Munition gestohlen wurden. Im Jänner 1944 wurde er der Begleiter des Partisanen Aleš[233].

Im Februar 1944 gingen Klančnik und Aleš zum Wirtshaus der Angeschuldigten Maria Zellnig. Das Gasthaus war bereits geschlossen, aber die beiden Partisanen riefen die Gastwirtin kurzerhand heraus. Sie baten Maria Zellnig um ein Nachtquartier. Diese lehnte ab und führte die Partisanen zu Markus Käfer, der in ihrer Gegenwart schon einige Male seinen Unwillen über das System der Nationalsozialisten zum Ausdruck gebracht hatte.

Markus Käfer nahm Klančnik und Aleš auf, versteckte sie drei Nächte lang in seiner Scheune und versorgte sie mit Essen. Dies ließ sich Käfer auch von Aleš schriftlich bestätigen. Nach drei Tagen kehrten die beiden Partisanen wieder zu Käfer zurück, wo sie sich weitere zwei Tage aufhielten. Auf Anraten Käfers suchten Klančnik und Aleš das Anwesen des Ortsbauernführers in Steinberg auf, um seine Waffe und seine Uniform zu stehlen. Sie warteten bis dieser sein Haus verlassen hatte und verlangten daraufhin von seiner Frau die Herausgabe der Uniform und der Waffe des Ortsbauernführers.

---

[232] Vgl. BAB, Anklageschrift des ORA beim VGH gegen Klančnik u. a. S. 7f

[233] Aleš wird in der Anklageschrift des ORA beim VGH gegen Johann Klantschnik u. a. Alex genannt.

Verhandelt.

Vorgeführt erscheint die Landwirtstochter Elisabeth Ročičjak, geb. am 10.7.1911 in Kleindorf, ledig, römisch-kath., Reichsangehörige, wohnhaft in Kleindorf Nr. 4, Kreis Völkermarkt, z.Zt. im Stapogefängnis Klagenfurt in Haft, nähere Personalien bekannt. Sie gibt, mit dem Gegenstand ihrer Vernehmung vertraut gemacht und zur Wahrheit ermahnt, folgendes an:

Ich habe bei meiner früheren Vernehmung alles angegeben, was mir über die Banditen bekannt ist. Ich habe geschildert, wie ich mit den Banditen "Alex" und "Tiger" bekannt wurde, wieweit ich diese unterstützt habe und habe meine Angaben der Wahrheit entsprechend gemacht. Richtig ist, dass mir der Bandit "Alex" einmal sagte, dass mir jemanden einen Brief schreiben würde und dass ich diesen Brief aufheben solle bis er kommen würde. Ich habe ihm versprochen, dies zu tun. Andererseits stelle ich in Abrede, irgendwelche Kurierdienste für die Banditen gemacht zu haben. Ich kenne den Gastwirt Käfer nicht und die Banditen haben auch nie von ihm mit mir gesprochen. Ich kann mir den mir zur Last gelegten Kurierdienst nur so vorstellen, dass ich jeweils die Briefe, die von bestimmten Personen an mich geschrieben wurden, für "Alex" aufheben sollte. Diesen Auftrag habe ich von "Alex" erhalten. Tatsächlich ist aber nie ein derartiger Brief für mich eingegangen. Erst als ich bereits hier in Haft war, wurde mir vorgehalten, dass ein solcher Brief für mich einging. Wer diesen Brief geschrieben hat, weiss ich nicht und da ich ihn nicht in die Hände bekam, kenne ich auch den Inhalt nicht. Tatsache ist, dass die Banditen mich für ihre Sache verwenden wollten, auf Grund meiner Festnahme es aber zu keinen weiteren Handlungen mehr. Ich habe keinerlei Nachrichten für die Banditen gesammelt und auch keine Kurierdienste geleistet. Mein politisches Verhältnis zu den Banden habe ich bei meiner früheren Vernehmung geschildert.

selbst gelesen, genehmigt und unterschrieben:

Elisabeth Ročičjak

[Unterschrift]
Krim.Ob.Ass.

Unterschrift Elisabeth Ročičjaks unter ihr Verhörprotokoll

In einem Gespräch mit Klančnik und Aleš äußerte Käfer, dass die Partisanen anstelle der Durchführung einzelner Militäraktionen das ganze Gebiet durch einen gut ausgebauten Nachrichtendienst erfassen sollten. Nachdem Käfer seine Meinung dargestellt hatte, wurde er von Aleš beauftragt einen Terrainarbeiter ausfindig zu machen und diesen über die Drau ins Mießtal zu bringen. Markus Käfer nahm die Aufgabe an und trug ab sofort den Partisanennamen Knapp. Er machte seine Arbeit gut und wurde immer mehr zum Leiter der Partisanengruppe in seinem Bezirk.

Nach etwa zehn Tagen kamen Klančnik und Aleš noch einmal in das Wirtshaus der Familie Zellnig. Maria Zellnig führte die Partisanen in den ersten Stock ihres Hauses, wo die beiden in einem Zimmer auf die von ihnen bestellten Kuriere warteten. Nachdem die Kuriere gegangen waren, erklärten Klančnik und Aleš Maria Zellnig, dass die Kuriere in Zukunft öfter bei ihr die für sie ankommende Post abholen würden. Die Partisanen hielten sich noch bis in die Abendstunden im Haus der Familie Zellnig auf, wo sie auch verköstigt wurden. Die Partisanen interessierten sich bei ihrem Gespräch mit Maria Zellnig vor allem für die Stärke und Unterbringung der Bewachung der einzelnen Arbeiterkommandos der Kriegsgefangenen im Kreis Wolfsberg.

Markus Zellnig erfuhr erst im Laufe dieses Abends laut den Aussagen seiner Tochter, dass sich Partisanen in seinem Haus aufhielten und machte ihr deshalb heftige Vorwürfe.

Auch Markus Käfer kam an diesem Abend in das Gasthaus der Familie Zellnig. Er unterhielt sich mit Klančnik und Aleš, die Informationen über verschiedene Personen haben wollten. Ihr Interesse galt insbesondere dem Bürgermeister, dem Ortsbauernführer und dem Ortsgruppenleiter von Ettendorf, Lamprechtsberg und St. Georgen. Diese sollten nämlich beseitigt werden. Käfer setzte sich angeblich für den Ortsbauernführer von St. Georgen/Šent Jurij ein, während Maria Zellnig, laut Käfer, auch ihn beseitigt wissen wollte.

Zwei Tage später trafen Klančnik und Aleš im Gasthaus Zellnig auf die beiden Kuriere, die ihnen Post überbrachten. Diesmal war auch Markus

Zellnig zugegen. Markus Zellnig pflichtete der Aussage Käfers bei, dass der Bürgermeister von Ettendorf ein verbissener Hitlerianer sei.

In den nächsten Tagen übernahm Maria Zellnig Post und Gebrauchsgegenstände von Käfer und übergab sie den beiden Partisanenkurieren bzw. nahm auch von ihnen Post für Käfer an. Zu ihr kam auch die Kurierin Gretl aus Prävali/Prevalje, die ein Zusammentreffen Käfers mit einem Partisanenführer in Prävali organisieren sollte, welches jedoch nicht zustande kam. Beim nächsten Treffen Käfers mit Gretl bekam Käfer vom englischen Verbindungsoffizier beim Partisanenstab in Prävali die Aufgabe übertragen, Informationen über die Stärke der Garnisonen in Wolfsberg und der Bewachungsmannschaft des Draukraftwerkes in Lavamünd zu sammeln, bzw. auf einer Skizze ihre Unterkunftsräume einzuzeichnen. Käfer unternahm auch Reisen in die Steiermark, nach Wien und Stuttgart, um die geographische Lage von Rüstungswerken auszuspähen. Über Gretl informierte er den englischen Nachrichtenoffizier über seine Erkundungen. Ein Entwurf seines Berichtes wurde bei der Durchsuchung seiner Wohnung gefunden. Auch von Maria Zellnig bekam er Angaben über ein Werk in Stettin.

Der Angeklagte Klančnik wurde in einem heftigen Feuergefecht im Mießtal verwundet und festgenommen, wonach Aleš seit Mai 1944 vom Deserteur Stefan Prikeršnik[234] begleitet wurde. Gegen Prikeršnik wurde beim Reichskriegsgericht Anklage erhoben.[235]

Prikeršnik und Aleš hielten sich Anfang Mai bei den Zellnigs auf, erhielten von ihnen Verpflegung und baten sie um Waffen und Munition für den geplanten Überfall auf eine Trafik. Maria Zellnig konnte der Bitte nicht entsprechen. Aleš forderte Käfer auf, in Zukunft an ihn gerichtete Nachrichten an Elizabeta Ročičjak, deren Deckname Tončka war, zu senden.

Am 4. Juni 1944 wurde Maria Zellnig von Käfer ein Brief an Elizabeta Ročičjak übergeben, der Nachrichten über militärische Objekte enthielt

---

[234] In der Anklageschrift wird er als Stefan Prikerschnik angeführt.

[235] Štefan Prikeršnik wurde laut Auskunft eines Mitarbeiters des Archivs der Republik bei seiner Verhandlung beim Reichskriegsgericht zum Tode verurteilt und am 24. Jänner in Wien hingerichtet. Die Akten über das Verfahren sind im Archiv der Republik nicht vorhanden.

und den sie in Wolfsberg aufgeben sollte. Elizabeta Ročičjak würde den Brief dann an die Partisanen weiterleiten[236]. Der von Maria Zellnig in Lavamünd aufgegebene Brief hatte folgenden Inhalt:

Meldung von Knapp an Kolya durch Tončka, Tiger und Aleks. Zu bombardieren wären sämtliche Fabriksorte Umgebung Wien Sprengkapselfabrik Oberlaa bei Wien, Flugzeugwerke in Wien-Neudorf an der Aspangbahn 30.000 Arbeiter in Fabriksbaraken die kleinen Werke an der Bahn Graz-Wien, die Semmering Viadukte, die Papierfabrik Gratkorn 5 km nördlich Graz sämtliche Obersteirischen Fabriken von Bruck an der Mur bis Unzmarkt die Papierfabrik Pöls 8 km nordwestlich Judenburg die Aluminiumwerke 2 km südlich Braunau am Inn 5.000 Arbeiter der Bahnhof St. Veit a. d. Glan Kärnten der Bahnhof u. die Fabriken in Villach die Papierfabrik Frantschach 3 km nördlich Wolfsberg. In Neustettin wo die neue Waffe erzeugt werden soll ist auch einer der größten Truppenübungsplätze aller Waffen. Alle Fabriken von Pressburg bis Passau an der Donau. Die Kupferwerke bei Bischofshofen. Die Bombardierung Klagenfurts wäre zu unterlassen, da nichts mehr Kriegswichtiges dort vorhanden ist. Am Ostrande Klagenfurts ist der zertrümmerte Flugplatz u. am Südostrande Klagenfurts der stark beschädigte Frachtenbahnhof welche bestimmt kein kriegswichtiges Ziel sind. Das kleine Werk für Flugzeuge in der ehemaligen Tabakfabrik wurde angeblich nach Grafenstein verlegt.

---

[236] Milena Gröblacher beschrieb das Warten auf den „schicksalhaften Brief" folgendermaßen: „....*Es hätte eine aus Ettendorf kommen müssen* [...]. *Sie hätten den Brief bringen müssen. An ihren Namen kann ich mich nicht mehr erinnern* [Maria Zellnig. Anm. d. A.] [...]. *Zu mir hat man gesagt: „Aus dem Lavanttal kommt eine zu dir, so und so sieht sie aus und den Brief wird Stefan Kumer abholen". Diese Post habe ich von der Lizika Ročičjak bekommen und wie er* [Stefan Kumer, Anm. d. A.] *gekommen ist* [...] *habe ich gesagt: „Die ist nicht gekommen. Vielleicht ist sie mit dem anderen Zug gekommen". „Und er ist nocheinmal gekommen und sie ist nicht gekommen, sie hätte den Brief abgeben müssen, das hat sie nicht getan. Sie hat in auf der Post aufgegeben und dieser Brief war der Beweis für die Verbindung zu der Gruppe".* Daraus läßt sich schließen, dass der Brief bevor ihn Elizabeta Ročičjak bekommen und an die Partisanen weitergeben sollte, von Štefan Kumer bei Milena Gröblacher abgeholt hätte werden sollen. Außerdem ist damit erwiesen, dass Štefan Kumer aktiv mit den Partisanen zusammengearbeitet hat und nicht wie in der Anklageschrift behauptet, nur von seiner Schwester vom Erscheinen der Partsanen im Haus der Mičejs erfahren hatte. Interview mit Milena Grčblacher, ehemalige Aktivistin der Partisanen in St. Kanzian am 10. November 1987 und am 3. Februar 1988. Aus der Interviewsammlung des Dokumentaionsarchives des österreichischen Widerstandes geführt von Mirko Messner und Helena Verdel.

Eventuelle Antwort darf nur durch Aleks oder Tiger persönlich erfolgen. Weitere Meldungen folgen nach Bedarf, wie ich sie selbst erfahre.[237]

Elizabeta Ročičjak hat den Brief allerdings nicht mehr erhalten, da sie schon am 30. Mai 1944 festgenommen wurde.

Die Ehefrau Markus Käfers, Irma Käfer, wusste über die Verbindung ihres Mannes zu den Partisanen Bescheid. Auch sie selbst war einige Male bei den Zusammenkünften ihres Mannes mit den Partisanen zugegen. Zuvor erwähnte Berichte über zu bombardierende Fabriken schrieb Irma Käfer nach Diktat ihres Mannes.

Josefine Kampl hatte mit dem bei ihr beschäftigten französischen Kriegsgefangenen Georges Meney ein Liebesverhältnis. Der ebenfalls bei ihr beschäftigte Emile Lelivre brachte ihr eines Tages einen flüchtigen Kameraden, mit der Bitte, ihn bei sich zu verstecken. Josefine Kampl brachte den Flüchtigen am darauffolgenden Tage zu Käfer, der ihm eine Karte gab, auf der der Weg zu den Partisanen eingezeichnet war. Da der Franzose den Weg nicht fand, kam er schon nach einigen Tagen zu Josefine Kampl zurück, die ihn bei sich im Heu versteckte und an dessen Verpflegung sich Käfer beteiligte. Nach drei Wochen erschien Gretl wieder bei Käfer, dem sie ein Kettenarmband übergab, welches der Franzose als Erkennungszeichen tragen sollte. Josefine Kampl begleitete den Flüchtigen dann einen Teil des Weges und erhielt nach etwa vierzehn Tagen von ihm die Nachricht, dass er gut angekommen war.

Im Mai 1944 klopften die Partisanen Aleš und Tiger an das Fenster Jožef Ročičjaks. Laut Aussage Jožef Ročičjaks weigerte sich dieser zu öffnen, worauf ihm einer der Partisanen drohte zu schießen. Jožef Ročičjak ließ die Partisanen also hinein, weckte seine Töchter Elizabeta Ročičjak und Jožefa Trobej. Elizabeta kochte Aleš und Tiger Kaffee, während ihnen die beiden einen Vortrag über den Sinn ihres Kampfes gegen Deutschland hielten. Obwohl Elizabeta laut eigener Aussage den Partisanen ein Nachtquartier zunächst verweigerte, verstand es Aleš, sie zu beruhigen. Elizabeta überließ den beiden daraufhin ihr Zimmer. Aleš und Tiger blieben noch zwei Tage bei den Ročičjaks und wurden von ihnen auch verpflegt.

---

[237] BAB, Anklageschrift des ORA beim VGH gegen Johann Klantschnik u.a. S.16f.

Vierzehn Tage später erschienen Aleš und Tiger noch einmal und verbrachten die Nacht im Zimmer Frančiška Ročičjaks, die das Haus verließ, als Aleš angeblich versuchte, sich ihr zu nähern. Elizabeta gab den Partisanen Essen mit auf den Weg und erklärte sich bereit, bei ihr eingehende Schreiben für Aleš bei sich aufzuheben. Der erste, zuvor zitierte Brief Käfers vom 4. Juni 1944 kam aber erst bei ihr an, als sie sich bereits in Haft befand.

Anfang Mai 1944 wurde frühmorgens bei Mičejs angeklopft. Es waren Aleš und Tiger die Eintritt verlangten und angeblich drohten die Tür mit einer Handgranate aufzusprengen. Sie verlangten Essen und Unterkunft tagsüber, da sie erst in der Dunkelheit weiter wollten. Nachdem sie sich anfangs sträubten, stellten Terezija Mičej, die Tochter, und Terezija Mičej, die Mutter, den Partisanen schlussendlich doch eine Unterkunft zur Verfügung. Im Mai kam Aleš noch drei Mal zu den Mičejs, einmal in Begleitung von Tiger, die zwei anderen Male mit drei bzw. fünf anderen Partisanen. Sowohl Mutter als auch Tochter kochten ihnen meist eine Suppe oder einen Kaffee.

Terezija Mičej jun. erzählte ihrem Stiefbruder Stefan Kumer, dass sich bei ihnen zu Hause Partisanen aufhielten und dass sie ihnen zu Essen gegeben hatten. Stefan Kumer unterließ es, Anzeige zu erstatten.[238]

Wegen der oben angeführten Straftaten wurden die Angeschuldigten Janez Klančnik, Maria und Markus Zellnig, Markus und Irma Käfer, Jožef und Elizabeta Ročičjak, Terezija Mičej jun. und sen. sowie Josefine Kampl laut § 80 Absatz zwei[239] des Gebiets- und Verfassungshochverrats, § 83 Absatz drei Nummer eins[240] sonstiger Vorbereitungshandlungen zum Hochverrat und § 91b des Reichsstrafgesetzbuches der Feindbegünstigung angeklagt. Weiters wurden Janez Klančnik, Maria Zellnig, Markus und Irma Käfer

---

[238] Vgl. BAB Anklageschrift des ORA beim VGH gegen Johann Klantschnik u.a. S.8-21.

[239] § 80 Absatz zwei des RStGB vom 23. April 1934 besagt, dass, wer es unternimmt, mit Gewalt oder durch Drohung mit Gewalt die Verfassung des Reichs zu ändern, mit dem Tode bestraft wird.

[240] § 83 Absatz drei, Nummer eins des StGB besagt, dass eine Tat, die darauf gerichtet ist, zur Vorbereitung des Hochverrats einen organisatorischen Zusammenhalt herzustellen oder aufrechtzuerhalten, mit dem Tode, einer lebenslangen Zuchthaus oder Zuchthaus nicht unter zwei Jahren zu bestrafen ist.

sowie Elizabeta Ročičjak, zusätzlich auch noch der Kriegsspionage, laut dem § 2 der Kriegssonderrechtsverordnung[241] bezichtigt. Die Angeklagten Jožefa Trobej, Stefan Kumer und Frančiška Ročičjak wurden der Nichtanzeige eines hochverräterischen Unternehmens beschuldigt. Jožefa Trobej und Stefan Kumer wurden wegen der Nichtanzeige nach dem § 139 des Strafgesetzbuches angeklagt, während Frančiška Ročičjak laut § 1 der Jugendstrafrechtsverordnung vom 6. November 1943[242], welcher besagt, dass der § 139 des RStGB auch für die Jugendstrafrechtsverordnung in den Alpen- und Donau-Reichsgauen gilt, angeklagt wurde.[243]

Die Bekenntnisse der Angeklagten laut Anklageschrift

Nach anfänglichem Leugnen bekannten sich die Angeklagten zu folgenden „Straftaten":

Janez Klančnik gab an, sich den Partisanen angeschlossen zu haben, weil er meinte, sie würden seine slowenische Heimat befreien. Die Angeschuldigte Maria Zellnig erklärte, aus Dummheit und Unerfahrenheit gehandelt zu haben und sich der Gefährlichkeit ihres Handelns nicht bewusst gewesen zu sein. Ihr Vater Markus Zellnig behauptete, dass er aus Angst vor den Partisanen gehandelt hätte. Der Angeklagte Markus Käfer gab an, dass er von jeher rot eingestellt war und sich als Gegner des nationalsozialistischen Regimes mit den Partisanen eingelassen hatte, um sich für eine freie Demokratie einzusetzen. Seine Frau Irma Käfer erklärte, den Brief und den Bericht aus Angst vor ihrem Mann verfasst zu haben. Josefine Kampl behauptete, sich mit Käfer eingelassen zu haben, weil sie vom Ortsgruppenleiter

---

[241] Weil die Angeklagten sowohl der Spionage wie auch des Landesverrats bezichtigt wurden, ist die Anklageschrift mit der Aufschrift „Geheim" versehen.

[242] Vgl. Wolfgang Form, Politische NS-Strafjustiz in Deutschland und Österreich. In: Widerstand und Verfolgung in Österreich. Die Verfaren vor dem Volksgerichtshof und den Oberlandesgerichten Wien und Graz, ed. Wolfgang Form, Wolfgang Neugebauer und Theo Schiller (München 2005) 9-25, S. 23-26 und vgl. BAB, Anklageschrift des ORA beim VGH gegen Johann Klantschnik u. a., S. 4.

[243] Vgl. Heinz Kümmerlein, Reichsjustizgerichtsgesetz vom 6. November 1943 mit den ergänzenden Rechts- und Verwaltungsvorschriften auf dem Gebiet des Jugendstrafrechts, Jugendhilferechts und dem strafrechtlichen Jugendschutzes (München und Berlin 1944), S. 190.

ungerecht behandelt worden sei. Jožef, Elizabeta und Frančiška Ročičjak sowie Jožefa Trobej erklärten alle, aus Angst vor den Gewalttätigkeiten der Partisanen gehandelt bzw. aus diesem Grunde die Anzeige unterlassen zu haben. Die Angeschuldigten Mičej, Tochter und Mutter, gaben zu, gewusst zu haben, dass es sich bei den Männern, denen sie Unterschlupf gewährten, um Partisanen handelte. Sie waren aber nicht auf deren Seite, weil sie im katholischen Sinne erzogen worden waren. Anzeige hätten sie aus Angst vor den Drohungen der Partisanen nicht erstattet. Štefan Kumer erklärte, dass er von seiner Stiefschwester Terezija Mičej erst nachträglich erfahren hatte, dass sich Partisanen in ihrem Hause aufgehalten hatten.[244]

Unmittelbar nach den Bekenntnissen der Angeschuldigten wird in der Anklageschrift darauf hingewiesen, dass diejenigen Angeklagten, die sich mehrere Male mit den Partisanen eingelassen haben, sich nicht auf den Zustand des Notstandes laut § 52 und § 54 RStGB berufen könnten. Weil sie es trotz zahlreicher Gelegenheiten unterlassen hatten, die Anwesenheit der Partisanen einer deutschen Stelle zu melden. Daraus wird geschlossen, dass die Angeklagten die Partisanen unterstützen wollten und nicht aus Angst gehandelt hätten, wie sie es angegeben hätten. Weiters wird angeführt, dass sich auch jene Angeklagten, die es unterlassen haben Anzeige zu erstatten, wegen der gegenwärtigen Kriegslage nicht auf § 52 und § 54 berufen könnten.[245]

Aufgrund der oben angeführten Anschuldigungen und Bekenntnisse der Angeklagten sowie der Zeugenaussagen von Kriminalassistent Franz Hofstätter und Stefan Prikeršnik wie auch der Beweismittel - des Briefes der Angeschuldigten Käfer an Elizabeta Ročičjak und der Meldung von Markus Käfer - beantragte der Oberstaatsanwalt die Hauptverhandlung vor dem Volksgerichtshof anzuordnen. Außer den beiden Mičejs und Štefan Kumer, die von Rechtsanwalt Dr. Max Streit[246], der als ihr genehmigter Wahlverteidiger angeführt wird, vertreten wurden, wurde für alle anderen ein Verteidiger beantragt.[247]

---

[244] Vgl. BAB, Anklageschrift des ORA beim VGH gegen Johann Klantschnik u. a. S. 22f.

[245] Vgl. ebd. S. 23.

[246] Dr. Max Streit hatte seine Kanzlei in Klagenfurt, am Alten Platz 28.

[247] Vgl. BAB, Anklageschrift des ORA beim VGH gegen Johann Klantschnik u. a. S. 24.

Kommentar zur Anklageschrift

Aus der Beschreibung der strafbaren Tätigkeiten der Angeschuldigten und deren Bekenntnissen ist ersichtlich, dass es den Mičejs und Ročičjaks gelang, einen großen Teil ihres Beitrages zum Widerstand zu verschweigen. Um vielleicht mit dem Leben davon zu kommen, mussten sie angeben, den Partisanen widerwillig und unter Drohungen Hilfe geleistet zu haben. Dass dem nicht so war, belegen sowohl die zahlreichen schriftlichen und mündlichen Erinnerungen von Angehörigen beider Familien bzw. von Personen, die mit ihnen im Widerstand organisiert waren. Ehemalige Gefangene in der Haftanstalt Klagenfurt berichteten, dass man versuchte, Informationen über den Verlauf der Verhöre auszutauschen, um sicher zu gehen, dass man so wenig Zugeständnisse wie nur irgendwie möglich machen musste. Neuankömmlingen wurde nahegelegt, zu leugnen und sich nicht vom vorgetäuschten Wissen der Gestapo-Männer einschüchtern zu lassen.

Der Volksgerichtshof

Entstehung des Volksgerichtshofes

Die Idee, einen spezifisch politischen Gerichtskörper zu schaffen, äußerte Hitler schon 1924 in „Mein Kampf", sie existierte also schon vor der Machtübernahme durch die Nationalsozialisten. Verwirklicht wurde sie erst im Jahre 1934.[248] Schon einen Tag nach dem Reichstagsbrand, in den Abendstunden des 27. Februars 1933, unterschrieb Hitler zwei Notverordnungen: „die Verordnung des Reichspräsidenten zum Schutze von Volk und Staat" und die „Verordnung des Reichspräsidenten gegen Verrat am deutschen Volke und hochverräterische Umtriebe". Nur einige Wochen später, am 29. März, wurde von den Nationalsozialisten ein weiteres Gesetz verabschiedet: das „Gesetz über Verhängung und Vollzug der Todesstrafe", welches

---

[248] Vgl. Lauf, Der Volksgerichtshof und seine Beobachter S.15.

die Anwendung der Todesstrafe rückwirkend für alle ab dem 31. Jänner 1933 begangenen Kapitalverbrechen vorsah. Auf diese Weise konnte auch für die fünf Reichstagsbrandangeklagten die Todesstrafe gefordert werden.[249] Der Prozess vor dem Reichsgericht gegen die Angeklagten Van der Lubbe, Dimitroff[250], Popoff, Taneff und Torgler begann am 21. September und dauerte mehr als drei Monate. Vor allem Dimitroff wurde mit seinem mutigen Auftreten zum Ankläger des Nationalsozialismus. Er deckte die Lügen der Nationalsozialisten vor Gericht auf und entlarfte Zeugen bei ihren Falschaussagen. Somit brachte er das Gerüst der Anklage zum Einsturz. Der Prozess erregte Aufsehen, vor allem die ausländische Öffentlichkeit beobachtete den Verlauf der Verhandlung genau. Im demokratischen Ausland fanden mehrere Demonstrationen und Protestkundgebungen zugunsten der Angeklagten statt.[251]

Das Urteil wurde erst am 23. Dezember 1933 verkündet. Der mutmaßliche Täter Marinus van der Lubbe wurde zum Tode verurteilt, während seine vier Mitangeklagten offiziell „mangels an Beweisen", in Wirklichkeit wohl eher aufgrund des internationalen Drucks - überraschenderweise freigesprochen wurden. Für die Nationalsozialisten, allen voran Hitler, bedeutete dieser Ausgang des Prozesses eine große moralische Niederlage. Darum wurde in einer Kabinettsitzung am 23. März 1934, an der neben Hitler auch Göring, Röhm und Justizminister Gürtner teilnahmen, beschlossen, dass die Aburteilung von Hoch- und Landesverratssachen der unabhängigen Justiz entzogen und einem besonderen Gerichtshof übertragen werden sollten. Schon am 24. April wurde der Volksgerichtshof offiziell gegründet.[252]

---

[249] Vgl. Helmut Ortner, Der Hinrichter Roland Freisler – Mörder im Dienste Hitlers (Göttingen 1995) S. 35f.

[250] Georgij Dimitroff (1882 – 1949) war bulgarischer Politiker und Leiter des Westbüros der Exekutivkomitees der Kommunistischen Internationale. Nach seinem Freispruch beim Reichtagsprozess wanderte er in die Sowjetunion aus, wo er von 1935 bis 1944 das Amt des Generalsekretärs der Kommunistischen Internationale bekleidete. 1944 kehrte er in seine Heimat zurück, wo er 1946 zum bulgarischen Ministerpräsidenten gewählt wurde.

[251] Vgl. Walter Hofer, Edouard Čalić, Christoph Graf u.a., Der Reichtagsbrand. Eine wissenschaftliche Dokumentation (Reihe unerwünschter Bücher zum Faschismus Nr.4, Freiburg 1992) S. XIX.

[252] Vgl. Ortner, Der Hinrichter S. 37f.

Für Österreich wurde der Volksgerichtshof mit der Verordnung vom 20. Juni 1938 über die Einführung der Vorschriften über Hoch- und Landesverrat im Lande Österreich zuständig.[253]

Zuständigkeiten und Verfahren des Volksgerichtshofes

Der *Volksgerichtshof*[254] bei dem es sich eher um „eine Behörde zur Vernichtung politischer Gegner als ein Gericht"[255] handelte, war sicherlich die effizienteste Waffe der NS-Justiz. Ihm oblag vor allem die Aburteilung von Hoch- und Landesverratsfällen. Ein Senat tagte mit fünf Richtern, wovon nur zwei Berufsrichter sein mussten. Bei den drei anderen handelte es sich um ehrenamtliche Richter, die ein hohes Amt in Staat, Partei oder Militär besetzen mussten.[256]

Ob sich die Angeklagten vor dem Volksgerichtshof verteidigen mussten, entschied der Oberreichsanwalt. Dieser konnte auch bestimmen, ob minder schwere Fälle, zum Beispiel wenn es um Vorbereitung von Hochverrat ging, dem nächst-untergeordneten Gericht, dem *Oberlandesgericht* zugewiesen wurden. Für die Aburteilung kleinerer politischer Vergehen (z. B. Rundfunkverbrechen, Verstöße gegen das Heimtückegesetz und ähnliches) sowie Verstöße gegen diverse NS-Sondergesetze (Verdunkelungsverbrechen, Schleichhandel, Schwarzschlachten und dergleichen) waren sogenannte *Sondergerichte* zuständig.

Die Verhandlungen der Oberlandesgerichte verliefen in den meisten Fällen formaljuristisch ordentlich, und es wurden nur selten Todesurteile verhängt. Bei den Sondergerichten hingegen wurden die Verhandlungen in einem verkürzten Verfahren abgewickelt. Oft wurde schon das allerkleinste

---

[253] Vgl. Form, Politische NS- Strafjustiz S. 15.

[254] Der Volksgerichtshof in Berlin tagte bis 1935 im Preußischen Landtag, dann wurde er in die Bellevuestraße 15 verlegt. Nach der Einführung der Verordnung vom 20. Juni 1938, die die Einführung der Vorschriften über Hoch- und Landesverrat auch für Österreich vorsah, tagte der Volksgerichtshof auch in Österreich.

[255] Neugebauer, NS-Terrorapparat S. 737.

[256] Vgl. Lauf, Der Volksgerichtshof und seine Beobachter S. 18.

Vergehen, wie z. B. das Stehlen eines Postpäckchens, mit dem Tode bestraft.

Auch die *Militärgerichte* (das Reichskriegsgericht, das Zentralgericht des Heeres, die Feldgerichte, die Divisionsgerichte u. a.) fällten ähnlich harte Urteile wie die anderen NS-Gerichte. Es konnten bis jetzt allein über 500 vollzogene Todesstrafen an Mitgliedern der österreichischen Militärangehörigen eruiert werden.[257]

Im Laufe des Krieges wurden die Kompetenzen des Volksgerichtshofes laufend erweitert. Schon 1935 wurden auch „Wehrmittelbeschädigung" und „Nichtanzeige von Hoch- und Landesverrat" als Verratsdelikte verhandelt.[258] Im gleichen Maße, wie sich die Zuständigkeiten des Volksgerichtshofs erweiterten, verringerten sich die Rechte der Angeschuldigten und deren Verteidiger. Zwar musste jeder Angeklagte einen Verteidiger haben, doch der Verteidiger musste vom Vorsitzenden des Senats genehmigt werden. Die erteilte Genehmigung konnte durch den Vorsitzenden natürlich auch wieder widerrufen werden[259]

Damit war sowohl der Angeschuldigte bei der Wahl seines Verteidigers eingeschränkt, wie auch der Verteidiger in seiner Handlungsfähigkeit, weil er der Kontrolle des Vorsitzenden unterworfen war. Der Volksgerichtshof hatte die Entscheidungsgewalt in erster und letzter Instanz und gegen sein Urteil war keine Berufung möglich.[260]

Ein weiteres Mal wurde die Verteidigung durch eine Weisung des Reichsjustizministers vom 24. Juni 1939 erschwert. Dieser zufolge durften die Teile der Anklageschrift, die geheim zu halten waren, in der dem Anwalt zugestellten Version der Anklageschrift nicht enthalten sein. Diese geheimen Teile bekamen die Advokaten teilweise erst wenige Stunden vor der Hauptverhandlung bei der Akteneinsicht zu sehen. Der

---

[257] Vgl. Neugebauer, NS-Terrorapparat S. 138f.

[258] Vgl. Ortner, Der Hinrichter S. 98.

[259] Vgl. Rudolf Wendrinsky, Freisler-Prozesse. Der Volksgerichtshof im Dritten Reich (Phil. Dipl. Wien 1987) S. 34.

[260] Vgl. ebd. S. 105f. und vgl. Bert Buchheit, Richter in roter Robe. Freisler, Präsident des Volksgerichtshofes (München 1968) S. 32.

Angeschuldigte selbst bekam die Anklageschrift nur in Anwesenheit eines Beamten vorgelegt.[261]

Die Urteilspraxis des Volksgerichtshofes

Die erste Phase der Tätigkeit des Volksgerichtshofes kann man als relativ gemäßigt bezeichnen. Der erste Senat verurteilte beispielsweise im Jahre 1934 einen Angeklagten, der Waffen und illegale Schriften an die Schutzpolizei verteilt hatte, wegen Vergehen gegen das Schusswaffengesetz und Vorbereitung zu Hochverrat, zu zwei Jahren Gefängnis.

Mit der Ernennung von Dr. Otto Georg Thierack zum ersten Volksgerichtshofspräsidenten im Jahre 1936 kam es zu einer Verschärfung der Urteilspraxis.[262] Thierack war vor seiner Ernennung Staatsanwalt und Vizepräsident des Reichsgerichts gewesen. Er hatte sich schon frühzeitig der NSDAP angeschlossen und galt als Vertrauter Hitlers.[263] Seiner Meinung nach musste sich die Justiz den Anforderungen der politischen Führung unterordnen. Wichtig war im auch die nationalsozialistische Gesinnung der Richter, denn nur parteiangehörige Richter waren eine Garantie für eine intakte nationalsozialistische Rechtssprechung.[264] Thierack trat im Sommer 1942 die Nachfolge Gürtners als Reichsjustizminister an und gab sein Amt als Präsident des Volksgerichtshofes ab.[265] Mit der Ernennung von Roland Freisler zum Präsidenten des Volksgerichtshofes begann die gnadenloseste Ära des Volksgerichtshofes.

Mit Hilfe folgender Tabelle ist die Verschärfung der Urteilspraxis des Volksgerichtshofes klar ersichtlich.

---

[261] Vgl. Ortner, Der Hinrichter S. 107f.
[262] Vgl. ebd. S. 99.
[263] Vgl. Buchheit, Richter in roter Robe S. 32.
[264] Vgl. Ortner, Der Hinrichter S 99f.
[265] Vgl. Buchheit, Richter in roter Robe S. 32.

Jahr	Angeklagte	Todesstrafen	Freiheitsstrafen	Freisprüche
1937	618	32	422	52
1938	614	17	302	54
1939	477	36	390	40
1940	1094	53	956	80
1941	1237	102	1058	70
1942	2573	1192	1266	107
1943	3355	1662	1477	181
1944	4428	1097	1842	489
1945	126	52	55	16
	16342	5243	7768	1089

Tabelle: Urteile des Volksgerichtshofes[266]

Aus der Tabelle ist der sprunghafte Anstieg der Todesstrafen im Jahr 1942 gut zu erkennen. Während sich die Zahl der Angeklagten vor dem Volksgerichtshof gegenüber dem Vorjahr etwa verdoppelt hatte, stieg die Zahl der Todesstrafen fast auf das Zwölffache an. Prozentual gesehen wurden im Jahr 1941 8,2Prozent aller Angeklagten zu Tode verurteilt, während im drauf folgenden Jahr bereits 43,3 Prozent aller Angeschuldigten mit der Todesstrafe bestraft wurden. Diese Tatsache kann zum Teil auf die angespannte Kriegslage, die Verschärfung der Gesetze, wie auch auf die Reichstagsrede Adolf Hitlers vom 26. April 1942 – in der er nicht zum ersten Mal seine Abneigung gegenüber der gesamten Justiz und insbesondere der Richterschaft zum Ausdruck brachte[267] – zurückgeführt werden. Da-

---

[266] Vgl. Ortner, Der Hinrichter S. 314. Wenn die Summe der Verurteilten und der Freigesprochenen mit der Gesamtzahl der Angeklagten nicht übereinstimmt, so ist dies darauf zurückzuführen, dass gegen manche Angeklagten das Verfahren durch gerichtliche Entscheidung eingestellt wurde, oder das Verfahren aus einem anderen Grund nicht mehr weiter verhandelt wurde, zum Beispiel, wenn der Angeklagte verstorben war.

[267] Hitler drohte in seiner Rede, die Richter ihres Amtes zu entheben:" […] *Front und Heimat, Transportwesen, Verwaltung und Justiz haben nur einen einzigen Gedanken zu gehorchen, nämlich dem der Erringung des Sieges. Es kann in dieser Zeit keiner auf seine Rechte pochen, sondern jeder muss wissen, dass es nur Pflichten gibt. […] Ebenso erwarte ich, dass die deutsche Justiz versteht, dass nicht die Nation ihretwegen, sondern das sie der Nation wegen da ist, das heißt, dass nicht die Welt zu Grunde gehen darf, in der auch Deutschland eingeschlossen ist, damit formales Recht lebt, sondern dass Deutschland leben muss, ganz gleich, wie immer auch formale Auffassungen der Justiz dem widersprechen mögen. […] Ich werde von jetzt ab in diesen Fällen eingreifen und Richter, die ersichtlich das Gebot der Stunde*

durch kam es zu einer permanenten Radikalisierung der NS-Strafjustiz, als deren Personifizierung der Volksgerichtshofpräsident Roland Freisler gesehen werden kann.

Das Gefängnis des Landgerichts Klagenfurt

Am 11. September 1944, also fast vier Monate bevor es zur Hauptverhandlung der Gruppe Käfer durch den ersten Senat des Volksgerichtofes kam, wurden die Angeklagten in das Gefängnis des Klagenfurter Landgerichts verlegt. Dieses war, wie auch das Gericht selbst, im Erdgeschoss des Gebäudes angelegt, in dem sich auch die Haftanstalt Klagenfurt befand.

Die Zellen im Gerichtsgefängnis waren viel kleiner, was den Angeklagten das Warten auf ihre Verhandlung etwas erleichterte. Auch war es den Gefangenen gestattet, sich die Zeit des Wartens durch Lesen zu verkürzen. Im Gerichtsgebäude gab es eine kleine Bibliothek. Einmal die Woche war es den Gefangenen erlaubt, Bücher zu bestellen, die ihnen dann vom „Bibliothekar", der selbst ein Häftling war, in die Zelle gebracht wurden. Vor allem die inhaftierten Frauen lasen viel und konnten durch in Büchern versteckte Nachrichten miteinander kommunizieren.[268] Anton Jelen, der für kurze Zeit die Funktion des Bibliothekars im Gefängnis des Landgerichts über hatte, beschrieb dies folgendermaßen:

Einige Zeit spielte ich den Briefträger. In der Bibliothek hatte ich nämlich Papier und Bleistift. Es genügte ein kleines Stück. Auf dieses hat man dann etwas mit ganz kleinen Buchstaben geschrieben. Das habe ich hinter den Umschlag gesteckt und in das Buch mit ganz kleinen Buchstaben geschrieben: „Suche, in diesem Buch ist ein Brief für dich".[269]

Das Leben im Gefängnis des Klagenfurter Landgerichts wird von den Gefangenen generell als leichter erträglich beschrieben. Die Inhaftierten mussten keine weiteren Verhöre fürchten und auch keine Angst haben, auf

---

nicht erkennen, ihres Amtes entheben [...]". Ortner, Der Hinrichter S.116.

[268] Vgl. Anton Jelen, Begunje - Celovec - Kamen. In: Po sledovih. Pričevanja koroških Slovencev 1920-1945, ed. Slovenska prosvetna zveza. (Celovec/Klagenfurt 1991) 203-215, S. 211f.

[269] Jelen, Begunje - Celovec - Kamen S. 212.

der Liste des nächsten Transports in ein Konzentrationslager zu stehen.[270] Wenn es Bombenalarm gab, durften die Gefangenen des Landgerichts frei entscheiden, ob sie in die Schutzräume im Keller des Gebäudes flüchten wollten, oder lieber in der Zelle blieben. In der Haftanstalt Klagenfurt durften nur die Gefängniswärter in den Kellerräumen Schutz suchen.[271]

Die etwas besseren Lebensumstände der Inhaftierten im Gefängnis des Klagenfurter Landgerichts wurden allerdings von der Angst der bevorstehenden Verhandlung getrübt. Bis zum Schluss hofften die Mičejs und Ročičjaks, dass ihre Verhandlung nicht vor dem Berliner Volksgerichtshof stattfinden würde. Beim letzten Besuch Andrej Mičejs bei seiner Tochter Terezija waren ihre letzten Worte:

Wenn uns die aus Graz richten kommen, dann fürchte ich mich nicht. Ich habe nichts gesagt, was mich oder jemanden anderen belasten könnte. Wenn sie aber aus Berlin kommen, dann wird es unser Ende sein.[272]

Trotz der Befürchtung, dass die Verhandlung durch den Volksgerichtshof für die Angeklagten ein schlimmes Ende nehmen könnte, gab Terezija Mičej jun. bis zum Schluss die Hoffnung nicht auf und war stets guter Dinge. Ana Zablatnik, die auch im Gerichtsgefängnis auf ihre Verhandlung wartete, schilderte mir ihr letztes Treffen mit der Angeklagten Mičej, nur einen oder zwei Tage vor ihrer Verhandlung:

Wir bekamen Post[273]. Terezija Mičej hat geholfen die Post in den Zellen zu verteilen. [...] Und wir fragten sie, warum sie so schön zurecht gemacht sei. Und sie sagte: „Wir haben unsere Verhandlung, aber macht euch keine Sorgen, es erwartet uns nichts Schlimmes". Und dann haben sie sie ... [274]

Die Anklage des Oberreichsanwalts gegen die Mitglieder der Gruppe Käfer ging am 2. Jänner 1945 beim Volksgerichtshof ein und wurde bereits am 6. Jänner vor dem Volksgerichtshofes verhandelt.[275]

---

[270] Vgl. Boštjančič, Res ničesar ne veste? S. 354 und vgl. Interview mit Ana Zablatnik.

[271] Ebd.

[272] Mičej, Obešeni v Gradcu S. 1157.

[273] Im Anhang ist ein Brief Josef Ročičjaks an Simon Mohor (den Vater von Milena Gröblacher, geborene Mohor), den er am 18. November 1944 im Gefängnis des Klagenfurter Landgerichts verfasste.

[274] Interview mit Ana Zablatnik.

[275] Vgl. BAB, ZC 200035 A.21, Urteilstenor von Johann Klantschnik u. a., verfasst vom Amtsrat

Verhandlung und Urteil

Die Hauptverhandlung vor dem ersten Senat des Volksgerichtshofes begann in den Morgenstunden des 6. Jänner 1945 unter Vorsitz Roland Freislers. Weitere Richter waren der Landgerichtsdirektor Dr. Erich Schlemann, der kommunale Gauamtsleiter Gebhart[276], der Hauptgemeinschaftsleiter Lettner und der Abschnittsleiter Treffer[277]. Als Vertreter des Oberreichsanwalts war der Gerichtsrat Dr. Gerhard Bach zugegen.

Der Präsident des Volksgerichtshofes Roland Freisler

Roland Freisler wurde am 30. Oktober 1893 in Celle geboren. Sein Studium der Rechtswissenschaften absolvierte er an der Universität Kiel. Bereits im Juli 1925 trat er der NSDAP bei und erhielt schon im Februar 1934 das Goldene Parteiabzeichen. Im selben Jahr wurde er zum Staatssekretär des Reichsjustizministeriums. In dieser Zeit widmete sich Freisler unter anderem auch seiner Tätigkeit als Publizist. Die meisten seinerAufsätze erschienen in der Zeitschrift *Deutsche Justiz* und in der *Deutschen Juristenzeitung.*[278]

 Als am 23. August 1942 Hitler Thierack zum Reichjustizminister ernannte, wurde das von ihm bekleidete Amt des Präsidenten des Volksgerichtshofes frei. An seine Stelle sollte Roland Freisler treten. Nach der Übernahme der Amtsgeschäfte, die einige Wochen in Anspruch nahm, trat Freisler am 15. Oktober 1942 sein Amt als Präsident des Volksgerichtshofes an.[279]

 Freisler widmete sich voller Ehrgeiz den ihm gestellten Aufgaben. Es ging

---

Thiele am 9. Jänner 1945 in Berlin, S. 2.

[276]   Nachdem im Urteilstenor gegen Johann Klantschnik u. a. nur die Nachnamen der anwesenden Richter angegeben sind, kann ich die Personen nicht eindeutig identifizieren. Vermutlich handelt es sich aber um den Leiter des Amtes für Beamte. Vgl. Walzl, „Als erster Gau..." S. 100.

[277]   Es ist anzunehmen, dass es sich beim Abschnittsleiter Treffer um den Kärntner Parteigenossen Ingo Treffer handelte, der bei verschiedenen Sitzungen des Volksgerichtshofes in den Donau- und Alpengauen Beisitzender war. Er setzte sich öfter für die Angeschuldigten ein, beantragte die Verhandlung vor einem mildernden Sondergericht oder wagte bei den Verhandlungen offenen Widerspruch. Vgl. Walzl, „Als erster Gau... " S. 153.

[278]   Vgl. Buchheit, Richter in roter Robe S. 13-26.

[279]   Vgl. ebd. S. 108.

um den deutschen Sieg und wer immer sich diesem in den Weg stellte, den traf die volle Härte der deutschen Rechtsprechung. Immer neue Rechtsbegriffe wie „Heimtücke", „Wehrkraftzersetzung" und „Verdunkelungsverbrechen" ermöglichten es dem Volksgerichtshof, beinahe jeden Gegner des Regimes wegen einer leichtsinnig ausgesprochenen Bemerkung aus dem Weg zu räumen.[280] Von einem gerechten Urteil konnte bei der Rechtsprechung des Volksgerichtshofes keine Rede sein. Dieses „Tribunal des nationalsozialistischen Terrors" schaffte sich immer öfter seine eigene Auffassung der Rechtsprechung.[281]

Während seiner Verhandlungen stellte Freisler sein ganzes schauspielerisches Talent zur Schau, den Gerichtssaal benutzte er als politische Bühne. Um Missverständnisse gar nicht erst aufkommen zu lassen und einen reibungslosen Verlauf der Verhandlung zu sichern, besprach er die Sachverhalte zuvor mit den beteiligten ehrenamtlichen Richtern. Bei diesem Gespräch mit den Laienrichtern ging es Freisler vor allem darum, seine Meinung kundzutun, womit das Urteil in der Regel bereits feststand. Seine Beisitzenden hatten bei den Verhandlungen meist nur Statistenrollen, das äußern ihrer Meinung war nicht erwünscht.

Auch die Verteidiger hatten keinerlei Rechte. Häufig gab Freisler Beweisanträgen einfach nicht statt, und zwar mit der Begründung, das Gericht würde auch bei veränderter Beweislage nicht anders entscheiden.

Den Angeklagten trat Freisler herrisch und autoritär gegenüber. Er schüchterte sie ein, schrie sie an, ließ sie nicht zu Wort kommen oder machte sie lächerlich.[282]

Janko Urank, der in der Haftanstalt in Klagenfurt in einer Zelle direkt über dem Gerichtssaal inhaftiert war, beschrieb die Verhandlung der 35 angeklagten Mitglieder der „Grünen Kader"[283] und deren Helfern aus Zell

---

[280] Vgl. ebd. und vgl. Ortner, Der Hinrichter, S. 129.

[281] Vgl. Ortner, Der Hinrichter S. 132f.

[282] Vgl. Ortner, Der Hinrichter S. 146f.

[283] Wie schon in Anmerkung 87 angeführt, sind die Angaben ob es sich bei den Angeklagten um Mitglieder der „Grünen Kader" oder der Slowenischen Befreiungsfront (OF) handelte widersprüchlich, was sich auf die Tatsache zurückführen lässt, das die Grenze zwischen den „Grünen Kadern" von den

Pfarre und Umgebung[284] unter der Leitung von Volksgerichtshofpräsident Freisler im April 1943 folgendermaßen:

Dann kam der berühmte Freisler persönlich, er leitete die Verhandlung gegen die 13[285] aus Zell Pfarre; in seinem roten Mantel hat er wie Luzifer ausgesehen. Die Gefängnisinsassen waren an diesem Tag verängstigt, unvorstellbar. Auf allen Gängen marschierten die Gestapo-Männer. Ich war in der Zelle 61, unter ihr war der Gerichtsaal [...]. Der Freisler hat so geschrien, dass man ihn in den Zellen hören konnte. Nur als „Schweine" und „Banditen" hat er sie beschimpft. Das ist aus dem Film bekannt, wie er geschrien und getobt hat, als er später den Marschall Witzleben[286] verurteilte, das ist dokumentiert, so musste es auch damals gewesen sein.[287]

Andere bzw. mildere Ansichten seiner Richterkollegen am Volksgerichtshof verspottete Freisler und bezeichnete diese Richter als „Vertreter der alten Schule". Freisler konnte als Präsident des Volksgerichtshofes gegen jedes Urteil, das ihm nicht zusagte, „außerordentlichen Einspruch" erheben und damit die Entscheidung eines anderen Senats annullieren lassen, um seinen eigenen Richterspruch durchzusetzen.[288]

Nicht einmal einen Monat nach der Hauptverhandlung gegen die Mitglieder der Gruppe Käfer durch den Volksgerichtshof unter der Leitung von Roland Freisler, starb Freisler am 3. Februar 1945 während eines Luftangriffes auf Berlin.

Mitgliedern der OF im Jahre 1943 fließend gewesen sein dürften.

[284] Auf diese Verhandlung und deren Ursachen bin ich im Kapitel über den Partisanenkampf näher eingegangen.

[285] Es wurden damals 35 Personen angeklagt, davon 13 zu Tode verurteilt.

[286] Erwin von Witzleben wurde eine Schlüsselstellung in den Plänen der Verschwörergruppe rund um Stauffenberg zugedacht. Er gehörte zu der ersten Gruppe der Angeklagten des Attentats auf Hitler am 20. Juli 1944. Der Prozess fand am 7. August 1944 unter dem Vorsitz von Roland Freisler vor dem Volksgerichtshof statt.

[287] Janko Urank, Lucifer. In: Po sledovih. Pričevanja koroških Slovencev 1920-1945, ed. Slovenska prosvetna zveza (Celovec/Klagenfurt 1991) 216-224, S. 218.

[288] Vgl. Ortner, Der Hinrichter S. 147f.

Das Urteil

Der Verlauf der Verhandlung kann nicht nachvollzogen werden, da sowohl die Verhandlungsprotokolle als auch das vollständige Urteil nicht mehr aufzufinden waren.[289] Aus dem Urteilstenor geht aber hervor, dass zehn der dreizehn Angeklagten der Gruppe Käfer am 6. Jänner 1945 wegen Vorbereitung zum Hochverrat durch den Volksgerichtshof zum Tode verurteilt wurden. Unter den zum Tode Verurteilten waren: Janez Klančnik, Maria Zellnig, ihr Vater Markus Zellnig, Markus Käfer, seine Frau Irma Käfer, Josefine Kampl, Terezija Mičej sen., ihre Tochter Terezija Mičej jun., mein Urgroßvater Jožef Ročičjak und seine Tochter Elizabeta Ročičjak. Im Urteilstenor heißt es, dass sie alle „verräterische Handlanger" der Kriegsfeinde der Nationalsozialisten waren und aus diesem Grund mit immerwährendem Ehrverlust und dem Tode bestraft wurden.[290] Janez Klančnik, Markus Käfer und Maria Zellnig wurden wegen ihrer schwerwiegenden Verstöße gegen die nationalsozialistischen Gesetze zum Tode durch den Strang verurteilt. Bei den anderen sieben zum Tode Verurteilten wurde die Hinrichtung durch das Fallbein angeordnet. Im Vollstreckungsbeschluss des Reichsministers Tierack an den Oberreichsanwalt beim Volksgerichtshof vom 8. Jänner 1945 wird die Vollstreckung der Urteile angeordnet und es wird ersucht, alles Weitere mit größter Beschleunigung zu veranlassen. Außerdem wird verfügt, von einer „Bekanntmachung in der Presse oder durch Anschlag abzusehen".[291]

Meine Großmutter Jožefa Trobej, die es unterlassen hatte, Anzeige zu erstatten, als sich die Partisanen in ihrem Elternhaus aufhielten, wurde zu fünf Jahren Zuchthaus und fünfjähriger Ehrlosigkeit verurteilt. Štefan Kumer bekam wegen Nichtanzeige drei Jahre Zuchthaus und drei Jahre Ehrverlust. Frančiška Ročičjak wurde vom Vorwurf, pflichtwidrig keine Anzeige erstattet zu haben, freigesprochen.

---

[289] Jetzt vollständig abgedruckt in: Baum Wilhelm: Die Freisler-Prozesse in Kärnten, Klagenfurt 2011, S. 278-280.

[290] Vgl. BAB, Urteilstenor gegen Johann Klantschnik u. a., S. 3.

[291] Vgl. BAB, VGH 2184 A.2, Vollstreckungsbeschluss des Reichsministers der Justiz an den ORA beim VGH, Berlin am 8. Jänner 1945.

Beim Verlassen des Gerichtssaales sahen die Verurteilten ihre Familienmitglieder ein allerletztes Mal. Meine Großmutter Jožefa Trobej erzählte, dass sie den Blick ihres Vaters, als er sich ein letztes Mal zu ihr umdrehte, nie werde vergessen können. Aus dem Gerichtssaal wurden sie wieder zurück in ihre Zellen des Gerichtsgefängnisses gebracht.

Terezija Mičej Jr.

Lojzka Boštjančič, deren Zelle direkt neben der Zelle, der zum Tode verurteilten Mičejs lag, beschrieb den Abend des 7. Jänner 1945 folgendermaßen: *Im Juni kamen die beiden Mičejs in unsere Zelle. Als sie uns ins Gerichtsgefängnis verlegten, hatten die beiden ihre Verhandlung noch vor sich, wir aber nicht mehr. Dort waren wir nur vier in einer Zelle, die beiden Mičejs waren in der Nachbarzelle. Die beiden hatten sie schon verurteilt und am Abend machte die Mutter eine Art Testament. Das hörten wir in unserer Zelle. Sie stieg auf das Fenster und schrie: „Štefan“ - das war ihr Sohn, ihn haben sie nicht zum Tode verurteilt, er bekam einige Jahre Gefängnis[292] - „Štefan, wir*

---

[292] Es waren nicht einige Jahre Gefängnis, sondern wie oben angeführt drei Jahre Zuchthaus.

zwei werden gehen, wir sind verurteilt, aber du wirst ja überleben und wieder
nach Hause kommen. Das Bett und alles was meines war, das ist deines, den
Rest aber lass dem Vater und sorg für ihn." Damals weinten wir alle. Das
hat uns so ergriffen, diese Mutter und „Štefan, Štefan". Nächsten Tag waren
die beiden nicht mehr hier. [...] Die Gefängniswärterin erzählte uns, dass die
beiden Mičejs mit Ketten aneinander gefesselt waren.[293]

In den frühen Morgenstunden des 8. Jänner 1945 wurden die Verurteilten
zur Urteilsvollstreckung in die Untersuchungshaftanstalt des Landgerich-
tes Graz überführt. Ana Zablatnik kann sich noch gut an diesen Morgen
erinnern:

Und dann nach der Verurteilung. Es war der Morgen, als sie sie nach Graz
geführt haben. [...] Sie haben die zu Tode verurteilte Elizabeta gerade ab-
geführt und wir hörten so ein Geklirre. Alle waren wir ganz verschreckt. Sie
schlug mit der Kette auf die Tür der Zelle ihrer Schwester und sagte: „Betet
für uns". Diese Worte höre ich noch heute. [294]

In der Untersuchungshaftanstalt des Landgerichts Graz warteten die zum
Tode Verurteilten auf ihre Hinrichtung, die am 12. Jänner 1945 vollstreckt
wurde. Am selben Tag schrieb Terezija Mičej jun. ihrem Vater noch einige
Worte zum Abschied:

Mein liebster Vater!
Graz, den 12.1.1945
Bitte, lieber Vater, verzeihe mir, wenn du dir in meinem Leben Leid zugefügt
habe. Sehr kurz war mein Leben, so jung muss ich schon sterben. Aber bitte
lieber Vater, verzage nicht, sei stark und bete recht viel für mich und meine
Mutter. Ich bitte dich von ganzem Herzen, heirate nicht mehr und nimm die
Familie Ton zu dir und lebet recht glücklich zusammen. Und ich bitte dich
auch, sorge für den Bruder Štefan. Baue ihm eine kleine Wohnung und ver-
schreibe sie ihm, wie auch den Garten beim Bienenhaus. Bitte, lieber Vater,
überlasse das Haus nach deinem Tod der Familie Ton, damit es nicht in
fremde Hände kommt. Das ist mein und Mutters letzter Wunsch. Lebet recht

---

[293] Boštjančič, Res ničesar ne veste? S. 355.
[294] Interview mit Ana Zablatnik. Auch meine Großmutter schilderte mir einmal diese Begebenheit.

glücklich. Die Kleider verteilt gut... Nun recht liebe Grüße und Küsse.
Vergiss mich nicht, deine Tochter Resi...[295]

Die Vollstreckung des Urteils

Am späten Nachmittag[296] des 12. Jänner 1945 wurde den zum Tode Verurteilten durch den Leiter der Vollstreckungshandlung Staatsanwalt Dr.
Petschnigg bekannt gegeben, dass der „Reichsminister der Justiz von seinem Gnadenrecht keinen Gebrauch macht, sondern entschieden habe, dass
der Gerechtigkeit freier Lauf zu lassen sei"[297]. Bei der Überbringung dieser
Nachricht waren außerdem noch der Urkundenbeamte der Staatsanwaltschaft Inspektor Töscher und ein Gefängnisbeamter anwesend. Damit war
jeglicher Funke Hoffnung der Verurteilten erloschen, und es begannen die
letzten quälenden Stunden ihres Lebens. In den Abendstunden des 12. Jänner 1945, vermutlich etwa zwischen 19 und 20 Uhr, wurden die Mitglieder
der Gruppe Käfer hingerichtet. Markus Käfer wurde auf Anordnung des
Leiters der Vollstreckungshandlung, Dr. Petschnigg um 19 Uhr 48 dem
Scharfrichter Fritz Ulitzka vorgeführt und diesem um 19 Uhr 48 Minuten
und 10 Sekunden übergeben. Um 19 Uhr 49 meldete der Scharfrichter den
Vollzug der Todesurteils. Aber erst fünfzehn Minuten später, um 20 Uhr
04, trat der Tod ein.[298]
Um 19 Uhr 55 wurde dann auch Jožef Ročičjak dem Scharfrichter Fritz
Ulitzka vorgeführt und die Vollstreckung des Urteils durch den Leiter
der Vollsteckungshandlung angeordnet. Eine Minute später wurde Jožef
Ročičjak dem Scharfrichter übergeben, der nur acht Sekunden später, um
19 Uhr 56 Minuten und 8 Sekunden, die Vollstreckung des Todesurteils

---

[295] Mičej, Obešeni v Gradcu S. 1158.

[296] Es waren nur mehr die Strafvollstreckungshefte von Jožef Ročičjak und Markus Käfer ausfindig
zu machen. Jožef Ročičjak wurde um 17 Uhr 20 mitgeteilt, dass sein Gnadengesuch abgelehnt wurde.
Markus Käfer wurde fünf Minuten früher, also um 17 Uhr 15 davon in Kenntnis gesetzt.

[297] Vgl. BAB, P 650(1361-1-4489) Strafvollstreckungsheft von Josef Rotschitschjak und vgl. BAB, P
650 (1361-1-4155) Strafvollstreckungsheft von Markus Käfer.

[298] Vgl. BAB, Strafvollstreckungsheft Markus Käfer.

meldete. Der Zeitpunkt des Eintrittes des Todes ist mit dem Vollstreckungs-zeitpunkt ident.[299] Ein Durchschlag über die Vollstreckung des Todesur-teils ging an den Landrat der Gemeinde, in der die Hingerichteten zuletzt wohnten, an die Stelle der geheimen Staatspolizei in Klagenfurt und an die Pressestelle beim Volksgerichtshof.

Die Verständigung der Angehörigen über die Vollstreckung der Todesstrafe ist mit dem 27. Jänner 1945 datiert. Außerdem wird darin darauf hinge-wiesen, dass eine Veröffentlichung einer Todesanzeige nicht zulässig sei. In der *Kärntner Zeitung* hingegen, erschien schon am Tage der Hinrichtung, am Freitag den 12. Jänner, ein Artikel über die Verurteilung und Urteils-vollstreckung der Mitglieder der Gruppe Käfer. Obwohl die Hinrichtung erst in den Abendstunden stattfand, erschien der Artikel schon vor dem eigentlichen Strafvollzug – das heißt, es wurde zu einem Zeitpunkt über den Tod der Verurteilten berichtet, zu dem sie noch lebten:

„Bombardierung der eigenen Heimat vorgeschlagen
Feige und gemeine Schandtaten von Banditenhelfern fanden ihre Sühne

*Vorbereitung zum Hochverrat, Feindbegünstigung und Spionage, gegen diese drei schwerwiegenden Anklagen hatten sich kürzlich 13 Personen, darunter 6 aus dem Lavanttal, vor dem I. Senat des Volksgerichtshofes unter Vor-sitz von Präsidenten Doktor **Freißler** in **Klagenfurt** zu verantworten. Be-sonders schwer waren die Delikte, die Markus **Käfer** aus Lamprechtsberg, seiner Ehefrau Irma **Käfer**, Maria und Markus **Zellnig** sowie Frau Josefi-ne **Kampl** aus Ettendorf und Johann **Klantschnik** aus Scherlau zur Last gelegt wurden. War der letztere aktiver Bandit und als solcher an mehreren Überfällen beteiligt, so war Maria **Zellnig** außer der regsten Mitarbeit in der Nachrichtenvermittlung auch der Spionage angeklagt. Zudem hatte sie unter Mitwissen und Duldung ihres Vaters Markus Zellnig ihr Zimmer den Ban-diten zu Zusammenkünften zur Verfügung gestellt und war zugegen, als eine sogenannte schwarze Liste mit Namen von Personen, die in der Folgezeit*

---

[299] Vgl. BAB, Strafvollstreckungsheft Josef Rotschitschjak.

beseitigt werden sollten, aufgestellt wurde und ihr zustimmte, Markus Zellnig selbst hatte Banditen Obdach und Nahrung gewährt. Frau Kampl hatte längere Zeit hindurch einen flüchtigen Franzosen beherbergt und verköstigt und ihn schließlich den Banditen zugeführt.

Der Hauptangeklagte war der Rädelsführer und Erzkommunist Markus Käfer, bei dem alle Fäden zusammenliefen und der sich von der Banditen zum Häuptling im Lavanttal berufen ließ. Sich selbst bezeichnete er als gewaltlosen Kommunisten und Edelanarchisten, trotzdem aber sammelte er Gewehre, Pistolen und Handgranaten, um sie den Banditen für ihre Morde an der Bevölkerung bereitzustellen. Frau Käfer, die während ihrer 16jähigen Ehe von dem brutalen Menschen misshandelt worden war, gab sich unter seinem Druck schließlich dazu her, zwei Spionagebriefe mit ungeheuerlichem Inhalt zu schreiben und abzuschicken. Der eine begann mit den Worten: „Zu bombardieren sind…" und zählte eine lange Reihe von Industrie- und Verkehrsobjekten im engeren Heimatgebiet und in den Gauen des Großdeutschen Reiches auf. Das Gericht, vor dem die Verworfenheit aller dieser Personen samt der Schimpflichkeit ihrer Taten klar zutage traten, erkannte als die einzig mögliche Strafe den **Tod durch den Strang**[300].

Das gleiche Urteil[301] traf auch Josef **Rotschitschjak** und seine Tochter Elisabeth aus Kleindorf sowie Frau Theresia **Mitsche** und ihre gleichnamige Tochter, wohnhaft in St. Veit. Alle hatten sie mehrmals Banditen aufgenommen und verpflegt, ohne während ihrer Anwesenheit oder nach ihrem Abzug die Anzeige zu erstatten. Den Einwand, aus Angst so gehandelt zu haben, wies Präsident Dr. Freißler mit aller Schärfe zurück und betonte, dass Angst vor Banditen der Anfang des Verrats und schon aus diesem Grunde nicht berechtigt ist, da das Großdeutsche Reich hier der weitaus stärkere Teil ist. Außerdem trat klar hervor, dass die Beschuldigten bewußte Absicht leitete, da ihnen während des Aufenthaltes der Banditen oder nach ihrem Weggang sehr wohl Gelegenheit zur Erstattung einer Meldung geboten war. Es gingen,

---

[300] Nur Johann Klančnik, Markus Käfer und Maria Zellnig wurden zum Tode durch den Strang verurteilt, nicht aber Irma Käfer, Josefine Kampl und Markus Zellnig.

[301] Auch Jožef Ročičjak und seine Tochter Elizabeta wurden durch das Fallbeil gerichtet und nicht erhängt.

während die Banditen schliefen, sogar Familienmitglieder vom Hause weg zur Arbeit.

Zwei weitere Angeklagte, und zwar Frau Josefine **Trobey** *aus Kleindorf, die Tochter des zu Tode verurteilten Josef Rotschitschjak, und ihr Stiefbruder[302] Stephan* **Kummer** *kamen mit einer Zuchthausstrafe von 3 bzw. 2 Jahren[303] davon. Gleichzeitig wurde(n) ihnen für diese Dauer die bürgerlichen Ehrenrechte aberkannt. Die 16 Jahre alte Franziska Rotschitschjak aus Kleindorf wurde freigesprochen.[304]*

Jožefa Trobej und Štefan Kumer, die einzigen zwei Mitglieder der Gruppe Käfer, die einer Verurteilung zum Tode entgingen, verblieben noch bis zum 15. März 1945 im Gefängnis des Landgerichts in Klagenfurt.

Schon am 13. Jänner 1945 wurde aus dem Büro des Oberreichsanwalts beim Volksgerichtshof in Berlin um Aufnahme von Jožefa Trobej im Zuchthaus Aichach ersucht.[305] Die Überstellung fand aber erst mehr als zwei Monate später, am 15. März 1945 statt. An diesem Tag wurden Jožefa Trobej und Štefan Kumer gemeinsam aus der Haftanstalt in Klagenfurt nach Bayern überführt. Der Transport erfolgte durch die Bahn.[306] Die Gefangenen wurden gefesselt und in Viehwagons untergebracht. Maria Hribar, die Ende September 1943 aus der Haftanstalt Klagenfurt nach Aichach gebracht wurde, erinnert sich an den beschwerlichen Transport in das Zuchthaus:

Sie behandelten uns wie Tiere, auch bei den Waggons handelte es sich um Tierwaggons. Sie waren so voll, dass du nicht umfallen konntest. Wir mussten im Stehen schlafen.[...] Sie haben uns weit herum gefahren.[307] In Wien blieben wir stehen, dort bekamen wir Essen und mussten auf Stroh schlafen.

---

[302]   Stefan Kummer war der Stiefbruder von Terezija Mičej jun. und nicht von Jožefa Trobej.

[303]   Stefan Kummer bekam wegen unterlassener Anzeige drei Jahre Zuchthaus und Jožefa Trobej fünf Jahre Zuchthaus.

[304]   Kärntner Zeitung, Freitag, dem 12.Jänner 1945.

[305]   Vgl. Staatsarchiv München, JVA 11066, Aufnahmeersuchen des Oberreichsanwalts beim VGH an den Vorstand des Frauenzuchthauses in Aichach, Berlin den 13. Jänner 1945.

[306]   Vgl. SAM, JVA 11066, Transportzettel der Gefangenen Josefine Trobej.

[307]   Maria Hribar (damals war sie noch unverheiratet und hieß mit Mädchennamen Olip) wurde auf sehr großen Umwegen nach Aichach gebracht. Ihr Transport hatte Aufenthalte in Marburg, Wien, Salzburg und München. Vgl. Staatsarchiv München JVA 7940, Transportzettel für eine Beförderung im Gefangenen-Sammelwagen auf Eisenbahnen der Gefangenen Maria Olip, von dem Polizeidirektor in Klagenfurt, den 15. September 1943.

Es gab so viele Wanzen, dass wir die ganzen Nächte nicht geschlafen haben. Sie fielen in der Nacht auf uns herunter und stachen uns. [...] In der Nacht konntest du nicht schlafen und am Tage durftest du es nicht. [...] Am nächsten Morgen bekamen wir noch einmal Wasser, es gab aber nicht genug für alle. Dann ging die Fahrt weiter...[308]

Der Transport, in dem sich Jožefa Trobej und Štefan Kumer befanden, war weniger beschwerlich. Die Waggons waren nicht so überfüllt, außerdem dürfte es sich um einen Direkttransport gehandelt haben, weil auf dem Transportzettel für die Gefangenen-Beförderung keine Aufenthalte auf anderen Bahnhöfen eingetragen sind.[309] Štefan Kumer wurde in das Zuchthaus Straubing gebracht,[310] während Jožefa Trobej ihre Strafe im Frauenzuchthaus Aichach verbüßen sollte, das sie auch am 16. März 1945 um 18 Uhr erreichte.[311]

Das Frauenzuchthaus Aichach in Oberbayern

Das Aufnahmeverfahren im Zuchthaus Aichach dauerte lange und bedeutete für die Neueingetroffenen stundenlanges Anstellen. Gleich beim Eintritt in das Zuchthaus fand die Leibesvisitation der Gefangenen statt. Dann folgte die Antrittsvisite beim Direktor. Danach wurden die Neuankömmlinge ins Bad gebracht. Das Bad war ein großer Raum mit vielen einzelnen Kojen, die durch einen Vorhang voneinander abgetrennt waren. In jeder Koje befanden sich eine Badewanne und ein Hocker mit der Zuchthauskleidung. Die Zuchthauskleidung bestand aus einem schwarzen Rock, einer schwarzen Bluse und einer blauen Schürze. Am Ärmel der Bluse war ein gelber Streifen eingearbeitet, der eine Gefangene des Zuchthauses kennzeichnete.[312] Ihre persönlichen Kleidungsstücke mussten die eben eingetroffenen

---

[308] Interview mit Maria Hribar, ehemalige Gefangene des Zuchthauses Aichach, Ebriach/Obirsko pri Železni Kapli am 15. September 2002.

[309] Vgl. SAM, Transportzettel der Gefangen Josefine Trobej.

[310] Vgl. Amt der Kärntner Landesregierung, Opferfürsorgeakt Josefine Trobej, Dokument 140.

[311] Vgl. SAM, JVA 11066, Aufnahmeverhandlung von Josefine Trobej, Aichach den 17. März.

[312] Vgl. Margarete Schütte-Lihotzky, Erinnerungen aus dem Widerstand. Das kämpferische Leben

Frauen abgeben. Über die mitgebrachten Gelder, Wertsachen und Kleidungsstücke wurde ein genaues Verzeichnis angelegt. Jožefa Trobej hatte weder Geld noch Wertsachen mit sich geführt und ihre Kleidung bestand lediglich aus einem karierten Mantel, einer grünen Weste, einem karierten Kleid, einem Gürtel, einem blauen Unterrock, einer weißen Nachtjacke, einer karierten Hose, einem blauen Hemd, einem rosa Büstenhalter, zwei Paaren Strümpfen, einem Paar grüner Socken, einem Paar brauner Schuhe, einem rosa Hüftgürtel, einer blauen Hose und einem Paar Handschuhe. Außerdem hatte sie noch zwei Taschentücher, Tabletten, eine Zahnbürste und einen Rosenkranz bei sich. Die Kleidung und die anderen persönlichen Gegenstände wurden vom Zuchthaus in Verwahrung genommen, ohne aber dafür Haftung zu übernehmen.[313]

Nach dem Aufenthalt im Bad wurden die inhaftierten Frauen in der Regel einer eingehenden Untersuchung durch den Arzt des Zuchthauses unterzogen.[314] Bei Jožefa Trobej wurde die ärztliche Untersuchung erst einige Tage nach ihrer Ankunft in Zuchthaus Aichach durchgeführt. Bei der so genannten „Aufnahmeuntersuchung" wurden die gesundheitlichen Mängel der Frauen festgehalten und der Arzt legte eine Krankengeschichte jeder Zuchthausinsassin an. Aus den Untersuchungsergebnissen erstellte der Arzt dann einen Befund über die körperliche und psychische Verfassung der Patientin und konnte sie für vollzugs- und arbeitstauglich erklären.[315]

Im Laufe des Aufnahmeverfahrens wurde von jeder Gefangenen des Zuchthauses Aichach eine so genannte „Kennzeichnung" durchgeführt. Dabei wurde jedes Merkmal des Körpers der Gefangenen genau beschrieben: Größe, Gestalt, Haare, Gesicht, Stirn, Augen, Augenbrauen, Nase, Ohren, Mund, Zähne, Kinn, Hände, Füße, Haltung, Sprache und Bart.[316]

Wenn die gefangenen Frauen all diese Wege hinter sich gebracht hatten, wurden sie in ihre Zellen geführt. Jožefa Trobej teilte sich ihre kleine Zelle

---

einer Architektin von 1938-1945, Wien 1994, S. 138.

[313] Vgl. SAM, JVA 11066, Verzeichnis der von der Zuchthausgefangenen Trobej Josefine mitgebrachten Gelder, Wertsachen, Kleider usw. Aichach den 17.März 1945.

[314] Vgl. Schütte-Lihotzky, Erinnerungen an den Widerstand, S. 138.

[315] Vgl. SAM, JVA 11066, Aufnahmeuntersuchung von Josefine Trobej, den 20. März 1945.

[316] Vgl. SAM, JVA 11066, Kennzeichnung, Aichach den 17.März 1945.

mit drei anderen Frauen. In der Zelle gab es ein Bett und drei Strohsäcke.[317] Dieser Umstand bedeutete eine erhebliche Verbesserung gegenüber der Haftanstalt Klagenfurt. Die Zellen in Aichach waren alle eher klein, nicht für mehr als drei Personen gedacht. Außerdem mussten die inhaftierten Frauen die Nächte nicht mehr auf dem kalten Steinboden verbringen, sondern jeder von ihnen stand ein Bett, oder zumindest ein Strohsack zur Verfügung. Wie schon in der Haftanstalt Klagenfurt, gab es auch im Zuchthaus Aichach keine Toiletten mit fließendem Wasser, sondern einen Eimer in der Ecke der Zelle, in dem die Frauen ihre Notdurft verrichten mussten. Zweimal täglich wurde der Eimer gelehrt, im Sommer wenn es sehr heiß war, sogar dreimal.[318]

Das Essen war karg und meistens ekelerregend. Zum Frühstück bekamen die gefangenen Frauen eine Tasse Tee und ein Stück Brot. Zu Mittag standen verschiedene Suppen, unter anderem Blutsuppe mit Karotten, Erbsensuppe oder Suppe aus Rübenblättern auf dem Speiseplan. An Feiertagen und Sonntagen gab es drei Kartoffeln und einen Löffel Topfen für jede der Inhaftierten. Auch an Trinkwasser fehlte es den inhaftierten Frauen, es reichte nie aus.[319] Maria Hribar erinnerte sich, dass sie sich während der Zeit ihrer Inhaftierung im Zuchthaus Aichach ihren Kopf mit ihrem eigenen Urin wusch, um Trinkwasser zu sparen.[320]

Tagsüber so lange das Licht in der Zelle ausreichte, sollten die inhaftierten Frauen Socken für das Militär stricken. Die Wärterinnen brachten ihnen alte, zerrissene und teilweise noch blutige Socken in die Zellen. Diese sollten die Frauen auftrennen und neue Socken stricken. Aus einigen zerrissenen Paaren wurde dann ein neues.[321] Außerdem mussten die Frauen auch die Arbeit eines Sattlers verrichten, mit Nadel und Fanden mussten sie lederne Gamaschen für die Soldaten nähen. Auch eine Reihe von Hausarbeiten, wie zum Beispiel Bodenschrubben, wurde von den Zuchthausinsassen verrichtet.[322]

---

[317] Vgl. Gespräch mit Josefa Trobej am 22. September 2001.

[318] Vgl. Schütte-Lihotzky, Erinnerungen an den Widerstand, S. 138-140.

[319] Vgl. Interview mit Maria Hribar und Gespräch mit Josefa Trobej.

[320] Vgl. Interview mit Maria Hribar.

[321] Vgl. Schütte-Lihotzky, Erinnerungen aus dem Widerstand, S. 143.

[322] Interview mit Maria Hribar.

Das Verrichten solcher Arbeiten stellte eine gute Möglichkeit dar, um mit den Mitgefangenen zu kommunizieren. Wegen der strengen Kontrollen war es sehr schwierig, mit den Frauen außerhalb der eigenen Zelle Kontakt aufzunehmen. Sogar innerhalb der Zelle mussten sich die Inhaftierten so leise miteinander unterhalten, dass es die Wärterinnen nicht hören konnten. Bei den Spaziergängen am Hof mussten die Frauen im Gänsemarsch so weit von einander entfernt gehen, dass sie kein Wort miteinander wechseln konnten. Trotz all dieser Maßnahmen um die Kommunikation zu unterbinden, gelang es den gefangenen Frauen immer wieder einander heimliche Botschaften zukommen zu lassen. Vor allem Fragen von allgemeinem Interesse verbreiteten sich wie ein Lauffeuer durch das ganze Haus. Jede Aktivität außerhalb der Zelle bot eine gute Möglichkeit zur Übermittlung heimlicher Nachrichten: das Leeren des Eimers, ein Arztbesuch und der sonntägliche Kirchgang. Obwohl die gefangenen Frauen in der Kirche von einander abgeschlossen, wie in einem Beichtstuhl saßen, gelang es ihnen immer wieder, sich Nachrichten zuzuschmuggeln. Außerdem war der Besuch der Kirche – der Zuchthauspfarrer las nämlich den Wehrmachtsbericht vor – die einzige Gelegenheit, um an Informationen über die Lage an der Front zu kommen.[323]

Laut Margarethe Schütte-Lihotzky, konnte man die Aufseherinnen des Zuchthauses Aichach in drei Kategorien teilen. Es gab solche, die die Tätigkeit der Gefängniswärterin schon vor Kriegsausbruch ausgeübt hatten. Diese kannten kein Mitleid und zeigten nie eine menschliche Regung. Die zweite Kategorie bestand aus denjenigen Frauen, die sich in der Nazizeit freiwillig zu diesem Beruf gemeldet hatten. Sie waren hartherzig und boshaft und versuchten vor allem die politischen Gefangenen auf jede erdenkliche Art und Weise zu erniedrigen.[324] Die dritte Gruppe bildeten die dienstverpflichteten jungen Mädchen, die meist selbst über das Geschehen im Zuchthaus entsetzt waren.[325] Immer, wenn eine Aufseherin mit einer der gefangenen Frauen sprach, musste ihr diese den Rücken zudrehen, nie durfte man einer Gefängniswärterin direkt ins Gesicht schauen.[326]

---

[323] Vgl. Schütte-Lihotzky; Erinnerungen an den Widerstand, S. 140-143.
[324] Die politischen Gefangenen waren in Aichach streng von allen anderen Inhaftierten getrennt.
[325] Vgl. ebd. S. 147.
[326] Vgl. ebd. S. 149 und Interview mit Maria Hribar.

Marija Hribar konnte sich an die Kurzschlusshandlungen einiger mit ihr in Aichach inhaftierter Frauen erinnern, die die Demütigungen der Aufseherinnen nicht ertragen konnten:

Die Aufseherinnen waren sehr brutal. Sie zogen uns an den Haaren. Sie zogen einmal an und hatten einen ganzen Schopf Haare in der Hand. Eine wurde einmal ganz verrückt, als sie ihr sagten, dass sie ihr die Zöpfe abschneiden werden. Da ging sie her und aß ihre ganzen Zöpfe auf. Eine andere verschluckte einmal eine ganze Nadel. [...] In Aichach warf sich einmal eine aus dem dritten Stock. Zwei Beine brach sie sich, daran gestorben ist sie aber nicht.[327]

In den letzten Kriegsmonaten hörte man in Aichach immer öfter den Bombenalarm. Im April 1945 war Aichach schon fast ununterbrochen im Alarmzustand. Die inhaftierten Frauen ahnten schon, dass der Krieg bald zu Ende sein würde. In den frühen Morgenstunden des 29. Aprils 1945 war es dann so weit: Allen Gefangenen des Zuchthauses Aichach wurden ihre Zellentüren geöffnet. Die abgemagerten, schwachen Frauen schleppten sich aus ihren Zellen, wodurch ein furchtbares Gedränge und Durcheinander entstand. Manche Frauen machten sich über die Vorräte des Zuchthauses her und stopften so viel sie konnten in sich hinein. Andere plünderten die Kleiderkammer. Die Österreicherinnen, unter ihnen auch Margarete Schütte-Lihotzky, schlossen sich zusammen und versuchten für Ordnung zu sorgen. Die amerikanischen Soldaten konnten nichts ausrichten und ließen dem Treiben seinen Lauf. Sie teilten den eben befreiten Frauen mit, dass es wegen der geringen Anzahl an alliierten Soldaten auch keine alliierte Verwaltung geben könne und dass die befreiten Frauen selbst für den weiteren Betrieb sorgen müssten. Den ehemaligen Aufseherinnen wurden alle Schlüssel abgenommen und sie mussten den Gefangenen bei der Aufrechterhaltung des Betriebs behilflich sein.[328]

Nach und nach wurden alle ehemaligen Zuchthausinsassinnen von ihren Regierungen abgeholt. Als letzte Gruppe konnten am 19. Mai 1945 auch

---

[327] Interview mit Maria Hribar.
[328] Vgl. Schütte-Lihotzky, Erinnerungen an den Widerstand S.168-172.

die österreichischen Frauen das Zuchthaus Aichach verlassen.[329] An diesem Tag kamen zwei Männer des österreichischen Selbsthilfekomitees. Sie hatten in Erfahrung gebracht, dass in Aichach noch Österreicherinnen zurückgeblieben waren und boten ihnen eine vorübergehende Unterkunft in einem leerstehenden Schulgebäude in München an. Mit zwei Lastwagen wurden die Frauen, unter ihnen auch meine Großmutter Jožefa Trobej, in ihre provisorische Unterbringung gebracht, wo sie die nächsten Wochen verbrachten. Meine Großmutter behauptete, sie wäre damals in einem Lager in der Elisabethstraße in München untergekommen. Ob bzw. in welchem Gebäude es ein solches Lager gab, konnte man mir weder am Historischen Seminar der Universität München noch im Münchner Stadtarchiv beantworten. In der Elisabethstraße gibt es noch immer eine, in einem alten Gebäude untergebrachte Schule; also könnte sich das Lager dort befunden haben. Für die Verköstigung der ehemaligen Zuchthausinsassinnen sorgte der neu eingesetzte Stadtrat für Ernährungswesen.[330] Auch medizinisch wurden die freigelassenen Frauen versorgt. Jožefa Trobej wurde zur Behandlung der Folgen ihrer unausgeheilten Rippenfellentzündung in das Krankenhaus München-Schwabing eingeliefert. Der behandelnde Arzt diagnostizierte eine Intercostalneuralgie, einen ziehenden, gürtelförmigen Brustwandschmerz entlang einem oder mehreren Zwischenrippenräumen. Am 12. Juni wurde sie auf eigenen Wunsch aus dem Krankenhaus entlassen.[331]

Noch nach ihrer Heimkehr am 22. Juni 1945 erzählte meine Großmutter mehrmals von ihrem Krankenhausaufenthalt in München. Damals sah sie zum ersten Mal ehemalige Häftlinge eines Konzentrationslagers. Die Bilder der bis auf die Knochen ausgehungerten Menschen, die sich kaum mehr auf den Beinen halten konnten, verfolgten sie noch Jahre nach ihrer Rückkehr in die Heimat.

---

[329] Vgl. SAM, JVA 11066, Verordnung der Prüfungskommission über Entlassung eines Gefangenen und vgl. SAM, JVA 11066, Fragebogen für Insassen der Konzentrationslager vom 16. Mai 1945.

[330] Vgl. Schütte-Lihotzky, Erinnerungen an den Widerstand S. 177-179.

[331] Krankenbericht des Krankenhauses München-Schwabing, datiert mit 12. Juni 1945.

Die Rückkehr der Kärntner Slowenen

Nach dem Ende des Krieges warteten viele Kärntner Slowenen vergeblich darauf, die Lager oder Arbeitsstellen, in denen sie so lange Zeit festgehalten wurden, endlich verlassen und in ihre Heimat zurückkehren zu könnten. Vor allem die von den Deportationen der Nationalsozialisten betroffenen Slowenen konnten nicht auf ihre heimatlichen Höfe zurückkehren, weil diese nach wie vor von einheimischen Pächtern und Kanaltalern bewohnt und bewirtschaftet wurden. Zwar propagierte die Landesregierung[332] auf Druck der britischen Militärregierung einige slowenenfreundliche Maßnahmen, welche auch die Rückgabe der enteigneten Anwesen enthielten, doch mit der Ausführung ließ man sich viel Zeit. Selbst die Rückkehr in die Heimat wurde den Vertriebenen lange nicht ermöglicht.[333]

Am 17. Juli 1945 kam dann doch der erste große Transport mit Heimkehrenden aus Nürnberg am Bahnhof in Villach an. Es handelte sich um 273 Personen, unter ihnen etwa 140 Kinder. Die britischen Behörden waren überfordert, weil die amerikanischen Behörden es unterlassen hatten, sie von der Ankunft des Zuges in Kenntnis zu setzen. Zuerst sollte der Zug über die Zonengrenze zurückgeschickt werden. Schon einen Tag zuvor waren 35 Kärntner Slowenen aus dem Lager Menningen am Bahnhof in Villach angekommen und waren von da aus zur jugoslawischen Grenze gebracht worden. Die jugoslawischen Grenzoffiziere ließen die österreichischen Staatsbürger nicht passieren und so wurden diese wieder zurück nach Villach überstellt und dort, aufgrund eines Übersetzungsfehlers eines deutschen Dolmetschers, als Volksdeutsche interniert[334].

---

[332] Am 6. Mai bildeten Sozialdemokraten und Christlichsoziale eine provisorische Kärntner Landesregierung. Zum Landeshauptmann wurde der Sozialdemokrat Hans Piesch gewählt. Am 7. Mai übergab Friedrich Rainer seine Geschäfte offiziell und dankte den Kärntner Nationalsozialisten für ihre Treue zum Führer. Eine vergleichbare Machtübergabe gab es sonst nirgendwo in Europa.

[333] Vgl. Helena Verdel, Pregon Koroških Slovencev. In: Po sledovih. Pričevanja Koroških Slovencev 1920-1945, ed. Slovenska prosvetna zveza (Celovec/Klagenfurt 1991) 129-134 S.132 und vgl. Brigite Entner, Deportation. In: Die Vertreibung der Kärntner Slowenen. Pregon Koroških slovencev ed. Augustin Malle (Klagenfurt/Celovec 2002) 173-196, S. 185f.

[334] Vgl. Entner, Deportation S. 186f und Vergleich Joko Tischler, Poročilo dr. Joška Tischlerja o povratku pregnancev. Bericht des Dr. Joško Tischler über die Rückkehr der Vertriebenen. In: Narodu in državi sovražni. Pregon koroških Slovencev 1942. Volks-und staatsfeindlich. Die Vertreibung von Kärntner Slovenen 1942, ed. Avguštin Malle, Valentin Sima (Celovec/Klagenfurt 1992) 476-479, S. 476.

Dr. Joško Tischler setzte sich für die 35 internierten Kärntner Slowenen bei den britischen und österreichischen Behörden ein und es gelang ihm, sie aus dem Lager zu befreien. Sie konnten sich den Heimkehrenden aus Nürnberg, die noch immer am Villacher Bahnhof auf ein Weiterkommen warteten, anschließen. Im Laufe des Nachmittags verzögerte sich der Weitertransport nach Klagenfurt immer wieder. Am Abend wurden dem Transport der Slowenen dann zwei Waggons mit Volksdeutschen angeschlossen. Damit war jedem klar, dass der Zug wohl nicht Klagenfurt sondern Deutschland als Ziel ansteuern würde. Als dies bekannt wurde, verließen die Kärntner Slowenen ihren Transport mitsamt dem Gepäck und weigerten sich, den Zug wieder zu besteigen. Die Nacht mussten sie im Freien verbringen.

In den Morgenstunden des 18. Juli erreichte ein weiterer Transport mit 120 Kärntner Slowenen den Bahnhof Villach. Nun waren es schon rund 400 Slowenen, die auf ihre Rückreise in die Heimatdörfer am Villacher Bahnhof warteten. Dr. Tischler fuhr mit dem ehemaligen Landtagsabgeordneten und während des Krieges ausgesiedelten Karl Mikl nach Klagenfurt, um die britischen Behörden von den Vorgängen am Villacher Bahnhof zu informieren. Erst nach diesem Gespräch wurde den in Villach festgehaltenen Slowenen ein Transport nach Klagenfurt zugesichert.[335]

Noch am selben Tag konnte der Transport mit gut 400 Kärntner Slowenen endlich nach Klagenfurt weiterfahren. In Klagenfurt angekommen, wurden sie vorübergehend in der ehemaligen Jesuitenkaserne untergebracht, die für die Unterbringung von 400 Personen absolut nicht ausgestattet war. 400 Menschen mussten sich zwei Toiletten teilen, die Verpflegung war mangelhaft und es waren nicht genügend Betten vorhanden. Die Heimkehr auf die Höfe verzögerte sich wieder, einige waren nach wie vor von einheimischen Pächtern oder Kanaltalern besetzt. Andere Höfe, die schon wieder freigeworden waren, befanden sich teilweise in äußerst desolatem Zustand. Noch wochenlang mussten die heimkehrenden Slowenen in Ersatzquartieren, bei Verwandten und Freunden untergebracht werden, oder waren Gäste im eigenen Haus.[336]

---

[335] Vgl. Tischler, Poročilo o povratku/Bericht über die Rückkehr S. 477f und vgl. Entner, Deportation S. 186f.
[336] Verdel, Pregon S. 132f.

Die Rückkehr Jožefa Trobejs in die Heimat.

Bald nach dem Aufenthalt im Krankenhaus München-Schwabing trat Jožefa Trobej ihre Heimreise an. Diese ist nicht mehr genau zu rekonstruieren. Aus den Erzählungen von Jožefa Trobej weiß ich, dass sie den ersten Teil ihrer Reise mit dem Zug zurücklegte und dann in einem alten Autobus über die Hohen Tauern nach Kärnten gebracht wurde. Am 22. Juni 1945 kehrte sie auf den elterlichen Hof in Kleindorf zurück. Dort konnte sie nach mehr als einem Jahr ihren mittlerweile vierjährigen Sohn Valentin endlich wieder in die Arme schließen. Doch bot sich Jožefa Trobej bei der Heimkehr ein trauriges Bild. Ihr Sohn Valentin erkannte seine Mutter nach so langer Zeit nicht mehr und auch sonst blieb kein Stein auf dem anderen. Die vor dem Krieg noch neunköpfige Familie Ročičjak hatte fast die Hälfte ihrer Mitglieder verloren. Der Vater Jožef und seine Tochter Elizabeta Ročičjak wurden hingerichtet, der Sohn Jožef fiel 1942 in Cholm in Russland in der Deutschen Wehrmacht und der zweite Sohn Valentin[337] war noch immer nicht aus der Wehrmacht zurückgekehrt, er galt als vermisst. Auch Jožefa Trobejs Ehemann Valentin, der im Krieg seine linke Hand verlor, war noch nicht aus dem Krankenhaus nach Hause zurückgekehrt. Cäcilia Ročičjak, die zum Zeitpunkt der Verhaftung ihrer Familienmitglieder gerade mit einem SS-Soldaten liiert war, wurde von der Geschäftsstelle der Deutschen Ansiedlungsgesellschaft in Klagenfurt mit der Bewirtschaftung des Hofes betraut.[338] Nach der Verhaftung der Ročičjaks durch die Gestapo am 30. Mai 1944 wurde das gesamte bewegliche und unbewegliche Eigentum des Jožef Ročičjak beschlagnahmt und an die Vermögensverwaltung der Dienststelle des Reichskommissars übergeben. Diese beauftragte dann die Deutsche Ansiedlungsgesellschaft mit der Verwaltung der Liegenschaft. Cäcilia Ročičjak, die sich gerade im Dienst

---

[337] Die Söhne Valentin und Jožef wollten sich eigentlich den Partisanen anschließen, da aber die Partisanen in St. Kanzian zur Zeit ihrer Einberufung noch nicht organisiert waren, wussten sie nicht, wie man den Kontakt zu den Widerstandkämpfern herstellen hätte können. Ich habe in der Deutschen Dienststelle in Berlin um ein Einberufungs- bzw. Sterbedatum von Valentin und Jožef Ročičjak angesucht, leider war die Suche ergebnislos.

[338] Schreiben der deutschen Ansiedlungsgesellschaft Klagenfurt an den Kreisleiter der NSDAP Völkermarkt vom 27. September 1944. Aus dem Kärntner Landesarchiv, Hofakten der Familie Ročičjak.

in einem städtischen Haushalt befand, kehrte am 17. Juni 1944 auf den elterlichen Hof zurück, und sowohl die Kreisleitung der NSDAP von Völkermarkt[339], wie auch die Geschäftsstelle der Deutschen Ansiedlungsstelle in Klagenfurt hatten aufgrund ihrer Gesinnung keine Bedenken, Cäcilia Ročičjak die Pacht des Hofes zu übertragen. Auch die Widergutmachungskommission der Kärntner Landesregierung betraute am 29. August 1945 bei der Verlassenschaftsabhandlung gegen Rechnungslegung die nach dem Tod von Elizabeta nun älteste Tochter der Familie Ročičjak Cäcilia, mit der Bewirtschaftung des Hofes.

Am 21. August 1946 verfasste die Kärntner Landesregierung einen Brief an den Obmann des Ortsbauernrates und gleichzeitigen Nachbarn der Familie Ročičjak in dem darauf hingewiesen wurde, dass die Wirtschaftsführung unter Cäcilia Ročičjak leiden würde, da diese weder mit ihrem am Hof lebenden Geschwistern, noch mit dem Hofgesinde gut auskommen würde. Weiter besagt der Brief, dass Cäcilia Ročičjak scheinbar nicht für die Wirtschaftsführung geeignet sei, weil sie in der Vergangenheit immer in städtischen Familienhaushalten beschäftigt war. In Anbetracht der Tatsache, dass Frančiška Ročičjak zu diesem Zeitpunkt noch minderjährig und der Sohn Valentin noch nicht aus der Wehrmacht zurückgekehrt war, außerdem Ana Ročičjak infolge ihres mangelhaften Gesundheitszustandes selbst betreut werden musste, wurde angesucht, dass Jožefa Trobej an Stelle ihrer älteren Schwester die Bewirtschaftung des Hofes übernehmen sollte. Zur Regelung der Wirtschaftsverhältnisse wurde am 26. August 1945 eine Kommission zur Betriebsbesichtigung auf den Hof der Ročičjaks geschickt, um die Übergabe an den neuen Besitzer vorzunehmen.[340]

Die Kommission setzte sich aus dem Kammersekretär der Bezirksbauernkammer Johann Fauster, dem Bürgermeister Martin Piuk und dem Ortsbauernratsobmann Michael Katschnig zusammen. Zwar konnte bei der Durchsicht der am 29. August 1945 übernommenen Werte keine wesent-

---

[339]   Schreiben der Kreisleitung der NSDAP Völkermarkt an die Deutsche Ansiedlungsgesellschaft vom 4. Oktober 1944. Vgl. KLA, Hofakten der Familie Ročičjak.

[340]   Brief der Landeshauptmannschaft Kärnten an den Obmann des Ortsbauernrates Michael Katschnik, datiert mit dem 21. August 1946. Vgl. KLA, Hofakten der Familie Ročičjak.

liche Veränderung festgestellt werden, doch setzten sich Martin Ročičjak, der Bruder des verstorbenen Vaters Jožef Ročičjak, wie auch die Geschwister Ana und Marija für die Übergabe des Hofes an Jožefa Trobej ein. Auch Valentin Trobej, der im Krieg zwar eine Hand verloren hat, aber trotzdem als wirtschaftsfähig galt, erklärte sich bereit, mit seiner Frau gemeinsam die Bewirtschaftung des Hofes zu übernehmen. Bis es zu einer Entscheidung des zuständigen Gerichts kam, wurde die Wirtschaftsführung weiterhin Cäcilia Ročičjak übertragen.[341]

Wann genau die Entscheidung fiel, dass die Bewirtschaftung des Hofes weiterhin Cäcilia Ročičjak übertragen wurde, geht aus den Hofakten des Landesarchivs Klagenfurt nicht mehr hervor. In einem Schreiben der Gendarmerie Kühnsdorf an die Bezirkshauptmannschaft Völkermarkt vom 3. Oktober 1949 wurde vermerkt, dass die elterliche Liegenschaft nach dem Besitznachfolgerecht, dem zu Folge das Erbe dem ältesten Erben zusteht, der Tochter Cäcilia zugesprochen wurde.[342] Den anderen Geschwistern musste Cäcilia ihren Anteil des Erbes auszahlen.

Opferfürsorge

Gesetzliche Regelungen

Im Laufe des Jahres 1945 wurden von der Republik Österreich und des Landes Kärnten Richtlinien erlassen, die eine finanzielle Unterstützung der Verfolgungsopfer des Nationalsozialismus ermöglichte. Das erste Opferfürsorgegesetz (OFG) mit dem Titel „Gesetz über die Fürsorge für die Opfer des Kampfes um ein freies, demokratisches Österreich" wurde am 17. Juli 1945 beschlossen und beschränkte sich auf die Entschädigung politischer Widerstandskämpfer[343]. „Als Opfer des Kampfes um ein freies, de-

---

[341] Vgl. Abschrift der Niederschrift über die Amtshandlung auf der Komarhube in Kleindorf, Gemeinde St. Kanzian, Klagenfurt den 27. August 1946. Vgl. KLA, Hofakten der Familie Ročičjak.

[342] Vgl. Schreiben der Gendarmerie Kühnsdorf an die Bezirkshauptmannschaft Völkermarkt vom 3. Oktober 1949. Vgl. AKLR, Opferfürsorgeakt Josefine Trobej.

[343] Brigitte Bailer-Galanda, Wiedegutmachung kein Thema. Österreich und die Opfer des National-

mokratisches Österreich sind Personen anzusehen, die um ein unabhängiges, demokartisches und seiner geschichtlichen Aufgabe bewusstes Österreich, insbesondere gegen die Ideen und Ziele des Nationalsozialismus mit der Waffe in der Hand gekämpft oder sich rückhaltlos in Wort oder Tat eingesetzt haben und hierfür a) im Kampfe gefallen; b) hingerichtet wurden; c) an den Folgen einer im Kampfe erlittenen Verwundung oder erworbenen Krankheit oder an den Folgen einer Haft oder erlittenen Misshandlung verstorben sind; d) an schweren Gesundheitsschädigungen infolge unter lit. c angeführten Ursachen leiden oder e) nachweisbar aus politischen Gründen mindestens ein Jahr in Ausnahmefällen mindestens 6 Monate in Haft waren" (§ 1 OFG 1945)[344]. Der Anspruch auf die Leistungen des Opferfürsorgegesetzes war an die Voraussetzung geknüpft, das der Antragsteller den Besitz der österreichischen Bundesbürgerschaft im Jahre 1938, bzw. der österreichischen Staatsbürgerschaft zum Zeitpunkt der Antragstellung, nachweisen konnte.[345]

Mit welchem Aufwand ein Antrag auf Gewährung der Leistungen der Opferfürsorge verbunden war, kann man auch am Beispiel Jožefa Trobejs gut erkennen.

Jožefa Trobejs Antrag auf die Leistungen der Opferfürsorge

Am 13. April 1948 stellte Jožefa Trobej bei der Bezirkshauptmannschaft Völkermarkt einen Antrag auf Ausstellung einer Amtsbescheinigung bzw. eines Opferausweises nach § 4 des Opferfürsorgegesetzes 1947. Als Grund ihres Antrages gibt sie die gesundheitlichen Schäden an, die sie sich während ihrer Haft als politisch Verfolgte zugezogen hatte und unter denen sie noch immer litt.[346] Das Begünstigungsheft wurde ihr am 4. September 1948 ausgestellt.

---

sozialismus (Wien 1993) S. 25.

[344] Vgl. ebd.

[345] Vgl. Augustin Malle, Alfred Elste, Brigitte Entner u.a., Vermögensentzug, Rückstellung und Entschädigung am Beispiel der slowenischen Minderheit, ihre Verbände und Organisationen (Veröffentlichung der österreichischen Historikerkommission, München 2004) S. 260.

[346] Vgl. AKLR, Opferfürsorgeakt Josefine Trobej, Dokument 135.

Unter den Unterlagen des Opferfürsorgeaktes von Jožefa Trobej fand ich auch eine am 15. April am Gemeindeamt St. Kanzian ausgestellte Heimatrechtbescheinigung[347], welche bestätigt, dass Jožefa Trobej am 13.März 1938 „das Heimatrecht in hiesiger Gemeinde besaß und sie dieses seither nicht verloren hat". Außerdem belegt eine eidesstattliche Erklärung Jožefa Trobejs vom 23. April 1948, dass sie nie der NSDAP oder einer ihrer Gliederungen angehört hatte.[348] Interessant ist auch die Bescheinigung der Kommunistischen Partei Österreichs vom 21. April 1948, die Jožefa Trobej bescheinigt, dass sie stets eine aufrechte Antifaschistin war und für ein freies und demokratisches Österreich eingetreten war.[349] Ebenfalls unter den Unterlagen befanden sich Zeugenaussagen von Štefan Kumer und Katharina und Agnes Jernej vom 12. Juli 1948[350], die bestätigten, dass Jožefa Trobej tatsächlich in der von ihr angegeben Zeit inhaftiert war. Vom Landesgerichtlichen Gefangenenhaus in Klagenfurt wurde Jožefa Trobej am 28. Juli 1948 eine Haftbestätigung ausgestellt, in der festgehalten wird, dass sie sich vom 11. September 1944 bis zum 15. März 1945 im Landesgericht Klagenfurt in Strafhaft befunden hat.[351] Auch eine von mehreren Zeugen unterschriebene und vom Gemeindeamt St. Kanzian ausgestellte Bescheinigung[352] liegt vor, in der bestätigt wird, dass es „gut bekannt ist", dass Jožefa Trobej in der von ihr angegebenen Zeit sowohl in Klagenfurt als auch im Zuchthaus Aichach inhaftiert war. All diese Bescheinigungen und Bestätigungen waren offensichtlich erforderlich, um die Gewährung einer Opferrente anzusuchen, was Jožefa Trobej am 1. April 1949 auch getan hat.

Den Antrag auf Gewährung einer Opferrente[353] nach dem Opferfürsorgegesetz 1947 stellte Jožefa Trobej bei der Bezirkshauptmannschaft Völkermarkt. Sie gibt an, infolge der KZ-Haft an schwerem Rheumatismus zu

---

347 Vgl. ebd. Dokument 128.
348 Vgl. ebd. Dokument 129.
349 Vgl. ebd. Dokument 148.
350 Vgl. ebd. Dokument 140.
351 Vgl. ebd. Dokument 146.
352 Vgl. ebd. Dokument 158.
353 Vgl. ebd.. Dokument 19.

leiden, der ihre Arbeitskraft »schwer herabsetzt«. Das amtsärztliche Zeugnis[354], das Jožefa Trobej am 18. Juni 1949 ausgestellt wurde, bescheinigt ihr eine Kyphose [Krümmung, Anm. d. A.] der oberen Brustwirbelsäule, geringe Krepitation [Knirschen, Anm. d. A.] der Kniegelenke, mittelstarke Varices [Krampfadern, Anm. d. A.] und ein hochgradig defektes Gebiss. Entsprechend dem Befund wird eine Minderung der Erwerbsfähigkeit von 40 Prozent festgestellt, was laut amtsärztlichem Zeugnis der Versehrtenstufe II entspricht.

Offensichtlich bedurfte es noch weiterer Nachweisen, bevor Jožefa Trobej eine Opferrente gewährt werden konnte. Am 3. Oktober 1949 werden „nach durchgeführter Erhebung" vom Postenkommandanten Matthias Hofer weitere Informationen zu den Lebensumständen der Familie Trobej an die Bezirkshauptmannschaft in Völkermarkt weitergeleitet[355] Da Jožefas Ehemann Valentin Trobej als Kriegsversehrter der Versehrtenstufe II (ihm fehlt ein Arm) nur eine Invalidenrente von 88,60 ATS monatlich bezieht, kann der Lebensunterhalt der Familie nicht in ausreichendem Maße sichergestellt werden. Es liegt eine Amtsbescheinigung des Arbeitsamtes Völkermarkt vom 1. September 1949 vor[356], wo vermerkt wird, dass Valentin Trobej „bereits seit längerer Zeit beim gef. Amte als Arbeitssuchender in Vormerkung" steht und es bisher nicht möglich war, „dem Vorgemerkten eine geeignete Arbeit zu vermitteln".[357]

Da nach dem Krieg der väterliche Besitz Jožef Ročičjaks der ältesten Tochter Cäcilia Widman[358] und nicht Jožefa Trobej zugesprochen worden war, mussten Jožefa und Valentin Trobej sich durch Gelegenheits- oder Aushilfsarbeiten bei Landwirten in der Umgebung durchbringen. Zur Zeit der Antragstellung lebten Jožefa und Valentin Trobej mit ihren zwei Kindern Valentin (geb. 1941) und Judith (geb. 1947) zwar noch auf dem Hof der Ročičjaks, doch war ihr Aufenthalt dort infolge des nach dem Krieg ent-

---

[354] Vgl. ebd. Dokument 20.

[355] Vgl. ebd. Dokument 36.

[356] Vgl. ebd. Dokument 26.

[357] Valentin Trobej bezog ab. 1. Jänner 1949 ein Versehrtengeld von 92,40 ATS plus eine Ernährungszulage von 34 ATS, zusammen also 126,40 ATS. Siehe ebd. Dokument 31.

[358] Cäcilia Widman war 1945 die älteste lebende Tochter Jožef Ročičjaks.

flammten Erbschaftsstreites ein sehr unangenehmer. Eine weitere Erhebung seitens der Gendarmerie fand offensichtlich Anfang 1950 statt, denn am 15. Februar 1950 berichtet der Postenkommandant Hofer erneut an die Bezirkshauptmannschaft in Völkermarkt[359] und stellt fest, dass Jožefa Trobej an den „Erträgnissen des väterlichen Besitzes nicht beteiligt ist und mit ihrer Familie im selbstständigen Haushalt" lebt. In diesem Schreiben wird auch der Erbschaftsstreit angesprochen, aufgrund dessen die Trobejs zwar am väterlichen Besitz leben, aber nicht am Familienbesitz beteiligt sind und Hilfsarbeiten in der Umgebung verrichten, für die sie mit Lebensmitteln bezahlt werden. Auch wird angeführt, dass insofern Erleichterung ins Haus steht, als dass Valentin Trobej ab 14. Februar 1950 bei der Orsini-Rosenbergischen Güterverwaltung angestellt ist und zwar keinen Barlohn bezieht, wohl aber freie Wohnung im Steiner Forsthaus und genug Ackergrund, um zwei Kühe und zwei Schweine zu halten, zugesprochen bekam. Zu diesem Zeitpunkt lebten die Trobejs mit nunmehr drei Kindern von der Invalidenrente Valentin Trobejs, die im Februar 1950 laut dem Schreiben des Postenkommandanten Hofer 214 ATS monatlich betrug.

Der erste Eintrag, der im Begünstigungsheft Jožefa Trobejs zu finden ist, ist datiert mit 8. Februar 1950. Es scheint, als wäre ihr Anfang 1950 eine Opferrente zugesprochen worden und zwar rückwirkend ab 1. Mai 1949. Zusätzlich zur Opferrente wurde Jožefa Trobej laut Bescheid des Amtes der Kärntner Landesregierung[360] in einer Sitzung am 20. März 1950 auch eine Unterhaltsrente von monatlich 150 ATS zugesprochen, ebenfalls rückwirkend vom 1. Oktober 1949. Allerdings wird im selben Bescheid vermerkt, dass die Unterhaltsrente mit 14. Februar 1950 einzustellen ist, da ab diesem Zeitpunkt, mit der Anstellung Valentin Trobejs bei der Orsini-Rosenbergschen Güterverwaltung keine Hilfsbedürftigkeit mehr angenommen wird. Jožefa Trobej beruft gegen diesen Bescheid, allerdings wird ihrer Berufung nicht stattgegeben[361].

Im Juni 1951 wird in einem Schreiben der Bezirkshauptmannschaft Völ-

---

[359] Vgl. AKLR, Opferfürsorgeakt Josefine Trobej, Dokument 38.
[360] Vgl. ebd. Dokument 41.
[361] Vgl. ebd. Dokument 47.

kermarkt an das Gendarmeriepostenkommando in Kühnsdorf[362] um die erneute Erhebung der wirtschaftlichen Verhältnisse der Familie Trobej gebeten. Anlass dazu ist die Anordnung, die Opferrenten mit 1. Jänner 1950 neu zu bemessen[363]. Gefordert wird auch eine erneute amtsärztliche Untersuchung, „wobei der derzeitig bestehende Prozentsatz der Minderung der Erwerbsfähigkeit festzustellen ist".[364]Eine erneute Untersuchung durch den Amtsarzt findet am 3. Oktober 1951 statt[365], wobei seitens des Amtes der Kärntner Landesregierung eine 70 Prozent Minderung der Erwerbsfähigkeit angenommen wird[366]. Wiederrum ist es der Postenkommandant Hofer, welcher der Bezirkshauptmannschaft Völkermarkt über die Einkommensverhältnisse der Familie Trobej berichtet[367]. Jožefa Trobej hat zu diesem Zeitpunkt außer der Opferrente kein Einkommen. Ihr Ehemann Valentin bezieht, einschließlich der Zulagen für die Kinder, eine Invalidenrente von 480 ATS, die ihm vom Landesinvalidenamt Klagenfurt monatlich ausbezahlt wird. Für seine Tätigkeit bei der Orisini-Rosenbergschen Forstgesellschaft erhält er weiterhin keinen Lohn, muss aber für Wohnung und für die von ihm bebauten bescheidenen Gründe keinen Pachtzins zahlen.

Laut Begünstigungsheft mit Eintrag vom 3. April 1952 wird Jožefa Trobej ab 1. Jänner 1950 eine Opferrente von 150 ATS ausbezahlt und mit 1. April 1950 eine Zusatzrente von 165 ATS. Dieser Betrag erhöht sich ab 16. Juli 1951 auf insgesamt 400 ATS monatlich. Obwohl der Antrag auf Gewährung einer solchen Zusatzrente schon am 12. April 1950 erfolgte, wird diese erst im April 1952 rückwirkend ausbezahlt.[368]

Am 16. Juni 1952 wird von Jožefa Trobej über das Gemeindeamt St. Kanzian ein Antrag auf Kostenübernahme[369] für eine Kur in der Heilstätte Stolzalpe gestellt. Nach einer offensichtlichen Verschlechterung des Ge-

---

362 Vgl. ebd. Dokument 59.
363 Vgl. ebd. Dokument 49.
364 Vgl. ebd. Dokument 52.
365 Vgl. ebd. Dokument 63.
366 Vgl. ebd. Dokument 64.
367 Vgl. AKLR Opferfürsorgeakt, Dokument 59.
368 Vgl. ebd. Dokument 56.
369 Vgl. ebd. Dokument 94.

sundheitszustandes meiner Großmutter kommt es zu einer erneuten Untersuchung durch den Amtsarzt[370]. Festgestellt wird eine „Verschmälerung des 5. Brustwirbels, sowie des Bandscheibenspaltes der fast vollkommen verschwunden ist", der rechte obere Rand des Wirbelkörpers ist völlig zerstört. Parallel zur Wirbelsäule wird im Bereich des 8. und 10. Brustwirbels ein Abszess festgestellt. Auch der dritte Brustwirbel ist „auf mehr als die Hälfte seiner Höhe verschmälert". Empfohlen wird eine Heilstättenbehandlung von drei Monaten, eine Wiederherstellung der Arbeitskraft befindet der Arzt als möglich. Beantragt wird auch ein liegender Transport mit Rettung und Begleitperson. Meine Großmutter erzählte, dass sie nach der Geburt ihres vierten Kindes im August 1951 an sehr starken Schmerzen im Rückenbereich litt. Sie konnte den Säugling überhaupt nicht heben. Als sie ins Landeskrankenhaus Klagenfurt zur Untersuchung kam, schenkten ihr die Ärzte angeblich zunächst keinen Glauben und schickten sie wieder nach Hause zurück. Erst einige Monate später, nach dem die Schmerzen und ihre Bewegungsunfähigkeit noch zunahmen, wurde bei einer erneuten Vorsprache meiner Großmutter im Krankenhaus Klagenfurt ein Röntgen durchgeführt, wobei obige Diagnose gestellt wurde.

Unter den Unterlagen des Opferfürsorgeaktes Jožefa Trobejs findet sich auch ein Brief des behandelnden Arztes der Heilanstalt Stolzalpe.[371] Am 10. Oktober 1952 schreibt er an den Landesfürsorgeverband für Kärnten und bittet dringlichst darum, für einen weiteren Aufenthalt Jožefa Trobejs in der Heilanstalt aufzukommen. Jožefa Trobej leidet an einer tuberkulösen Wirbelsäulenentzündung und ist nicht transportfähig. Da die Gebietskrankenkasse Kärnten (Opferfürsorge) nicht bereit war, weitere Kosten zu übernehmen, hofft er auf eine positive Antwort des Landesfürsorgeverbandes.

Welche Stelle den Aufenthalt Jožefa Trobejs in der Heilanstalt Stolzalpe letztendlich beglichen hat, konnte ich nicht feststellen. Auf jeden Fall blieb sie über zwei Jahre dort und musste nach ihrer Rückkehr ein Stahlstützmieder tragen, welches am 25. 8. 1954 laut ärztlicher Verordnung „nach Gipsmodell mit Armstützen, Schulterträger, Lederbandagierung" bei Fer-

---

[370] Vgl. ebd. Dokument 100.
[371] Vgl. ebd. Dokument 105.

dinand Schmid Orthopädie/Bandagen in Klagenfurt bestellt wurde.[372] Die Bezahlung desselben wurde laut Bescheid des Amtes der Kärntner Landesregierung „über Beschluss der Opferfürsorgekommission abgelehnt".[373] Meine Großmutter musste ihr Leben lang ein Stützmieder tragen und litt auch Zeit ihres Lebens immer wieder an Schmerzen im Rückenbereich.

---

[372] Vgl. AKLR Opferfürsorgeakt, Dokument 130.
[373] Vgl. ebd. Dokument 205.

Schlussbemerkung

Ich habe mir in meiner Diplomarbeit das Ziel gesetzt, den Beitrag meiner Familienangehörigen zum Widerstand gegen das NS Regime in Kärnten aufzuarbeiten und den Ereignissen einen breiteren historischen Rahmen zu geben. Es war mir wichtig, aufzuzeigen, dass sich die Kärntner Slowenen seit der zweiten Hälfte des 19. Jahrhunderts immer wieder gegen den Assimilationsdruck deutschnationaler Kräfte wehren mussten, die während des ersten Weltkrieges bzw. nach dem Plebiszit noch verstärkt auf die Germanisierung der slowenischen Minderheit hinarbeiteten. Aus den Germanisierungsbemühungen wurde in den Jahren nationalsozialistischer Herrschaft letztlich ein Bestreben, die slowenische Volksgruppe als nationale Minderheit völlig auszulöschen.

Nach anfänglichen Bemühungen seitens der Slowenenvertreter sich mit dem NS Regime zu arrangieren, musste spätestens nach April 1942 erkannt werden, dass die Jahre unter Hitler ein Kampf ums nackte Überleben sein würden. Viele Kärntner Slowenen sahen die Möglichkeit eines Beitrages zum Sturz der Nationalsozialisten im bewaffneten Partisanenwiderstand bzw. in der Unterstützung desselben. Auch meine Großmutter und einige ihrer Familienmitglieder gehörten zu dieser Gruppe. Während meine Großmutter überlebte, starben mein Urgroßvater und seine älteste Tochter wenige Monate vor Kriegsende.

Das Slowenische in der Familie aber hat überlebt, obgleich auch innerhalb meiner Familie die Germanisierung erfolgreich gewirkt hat. Jožefa Trobej war Zeit ihres Lebens eine stolze, bekennende Slowenin. Sie gab ihre Muttersprache an ihre vier Kinder weiter, ihre jüngste Tochter Eva brachte das Slowenische auch ihren vier Kindern bei. Jožefas ältester Sohn Valentin starb jung an den Folgen eines Unfalls.

Meine Schwestern und ich wurden auf unseren Fahrten zur Schule und zurück manchmal als „Tschuschen" beschimpft und ich kann mich erinnern, dass ich mich aus Angst vor der Reaktion anderer Leute oft in der Öffentlichkeit schämte, mit meinen Eltern Slowenisch zu sprechen. Meine älteste Schwester und ihr kleiner Sohn wurden jüngst in Klagenfurt als „Gesindel" beschimpft, das „nach Jugoslawien" gehört, weil sie miteinander Slowenisch sprachen. Die gegenwärtigen Diskussionen über die zweisprachigen Ortstafeln zeigen, dass es noch immer politische Kräfte und Organisationen gibt, die das Slowenische in Kärnten nicht als Bereicherung, sondern als Störfaktor sehen.

Die Arbeit an meiner Diplomarbeit war für mich eine wertvolle, wichtige Erfahrung. Nicht nur musste ich mich mit der Geschichte Kärntens und seiner Slowenen beschäftigen, ich erfuhr viel über meine eigene Geschichte, was mich bereicherte und in meiner Identität bestärkt.

Literaturliste

Katerina Andrejčič, Če ne umreš. In: Po sledovih. Pričevanja koroških Slovencev 1920-1945, ed. Slovenska prosvetna zveza (Celovec/Klagenfurt 1991) 348-352.

Tina Bahovec, Die Kärntner Slowenen 1930-1941. In: Kärntner Slowenen/ Koroški Slovenci 1900-2000. Bilanz des 20. Jahrhunderts, ed. Andreas Moritsch (Klagenfurt/Celovec - Ljubjana - Wien 2000) 235-262.

Brigitte Bailer-Galanda, Die Opfer des Nationalsozialismus und die sogenannte Wiedergutmachung. In: NS-Herrschaft in Österreich. Ein Handbuch, ed. Emmerich Tálos, Ernst Harnisch, Wolfgang Neugebauer u.a. (Wien 2000) 884-901.

Brigitte Bailer-Galanda, Wiedergutmachung kein Thema. Österreich und die Opfer des Nationalsozialismus (Wien 1993).

Wilhelm Baum: Die Freisler-Prozesse in Kärnten, Klagenfurt 2011

Feliks J. Bister, Die Slowenen gegen Ende der Habsburgermonarchie. In: Die Deportation slowenischer Familien aus Kärnten 1942 ed. Österreichische Liga für Menschenrechte (Wien 2004),19-26.

Mirko Bogataj, Die Kärntner Slowenen (Klagenfurt/Celovec-Wien 1989).

Lojzka Boštjančič, Materinski križ. In: Po sledovih. Pričevanja koroških Slovencev 1920-1945, ed. Slovenska prosvetna zveza (Celovec/Klagenfurt 1991) 99-101.

Lojzka Boštanjančič, Res ničesar ne veste? In: Po sledovih. Pričevanja koroških Slovencev 1920-1945, ed. Slovenska prosvetna zveza (Celovec/Klagenfurt 1991), 352-355.

Cilka Broman, Irena Bruckmüller, Hanns Haas u. a., Zgodovina Koroških Slovencev. Od leta 1918 do danes z upoštevanjem vseslovenske zgodovine (Klagenfurt/Celovec 1985).

Bert Buchheit, Richter in roter Robe. Freisler Präsident des Volksgerichtshofes (München 1968).

Thomas Busch, Brigitte Windhab, Jelka. Aus dem Leben einer Kärntner Partisanin (Basel 1984).

Franz Černut, Knjige v seno. In: Po sledovih. Pričevanja koroških Slovencev 1920-1945, ed. Slovenska prosvetna zveza (Celovec/Klagenfurt 1991) 105-109.

Theodor Domej, Das Schulwesen für die Bevölkerung Südostkärntens. In: Kärntner Slowenen/Koroški Slovenci 1900-2000. Bilanz des 20. Jahrhuderts, ed. Andreas Moritsch (Klagenfurt/Celovec - Ljubjana - Wien 2000) 29-66.

Theodor Domej, O ponemčevanju južne Koroške za časa nacizma in odmevi nanj (1938-1942). In: Narodu in državi sovražni. Pregon koroških Slovencev 1942. Volks- und staatsfeindlich. Die Vertreibung von Kärntner Slowenen 1942, ed. Avguštin Malle, Valentin Sima (Celovec/Klagefurt 1992) 210-231.

Teodor Domej, Prvo leto koroških Slovencev pod kljukastim križem. In: Der Anschluss und die Minderheiten in Österreich. „Anšlus" in manjšine v Avstriji, ed. Avguštin Malle, Valentin Sima (Klagenfurt/Celovec 1989), 66-88.

Ahmet Donlagić, Žarko Atanacković, Dušan Plenča, Jugoslawien im 2. Weltkrieg (Belgrad 1967).

Alfred Elste, Michael Koschat, Franz Filipic, NS-Österreich auf der Anklagebank. Anatomie eines politischen Schauprozesses im kommunistischen Slowenien (Klagenfurt/Celovec - Ljubljana/Laibach - Wien/Dunaj 2000).

Brigitte Entner, Die Deportation slowenischer Familien aus Kärnten II. In: Die Deportation slowenischer Familien aus Kärnten 1942, ed. Österreichische Liga für Menschenrechte (Wien 2004) 69-75.

Brigitte Entner, Deportation. In: Die Vertreibung der Kärntner Slowenen. Pregon koroških Slovencev, ed. Avguštin Malle (Klagenfurt/Celovec 2002) 173-196.

Tone Ferenc, Der Volksbefreiungskampf in Jugoslawien. In: Europäischer Widerstand im Vergleich. Die internationalen Konferenzen Amsterdam, ed. Ger van Roon (Berlin 1985) 192-210.

Franze Filipič, Slowenen in Mauthausen (Mauthausen-Studien, Schriftenreihe der KZ-Gedenkstätte Mauthausen, Bd. 3, Wien 2004).

Wolfgang Form, Politische NS-Strafjustiz in Österreich und Deutschland. Ein Projektbericht: Jahrbuch 2001, ed. Dokumentationsarchiv des österreichischen Widerstandes, 13-34.

Wolfgang Form, Politische NS-Strafjustiz in Deutschland und Österreich. In: Widerstand und Verfolgung in Österreich. Die Verfahren vor dem Volksgerichtshof und den Oberlandesgerichten Wien und Graz, ed. Wolfgang Form, Wolfgang Neugebauer und Theo Schiller (München 2005), 9-26.

Milena Gröblacher, Poceni marmelada. In: Po sledovih. Pričevanja koroških Slovencev 1920-1945, ed. Slovenska prosvetna zveza (Celovec/Klagenfurt 1991) 93-97.

Milena Gröblacher, Na koncu so vsi silili v partizane. In: Po sledovih. Pričevanja koroških Slovencev 1920-1945, ed. Slovenska prosvetna zveza (Celovec/Klagenfurt 1991) 329-337.

Milena Gröblacher, Misli ob štirideseti obletnici ženske organizacije na Koroškem. In: Vestnik koroških partizanov 3-4 (Ljubljana 1983) 78-79.

Milena Gröblacher, Sodelovanje s partizani v okolici Skocjana. In: Slovenke v narodnoosvobodilnem boju II-2 (Ljubljana 1970) 974-977.

Hanns Haas, Karl Stuhlpfarrer, Österreich und seine Slowenen (Wien 1977).

Hanns Haas, Kärntner Slowenen - Geschichte als politische Information. In: Aufsätze zur Geschichte der Kärntner Slowenen, ed. Hanns Haas (Salzburg, Univ. Habil.-Schr., 1977/1978) 83-93.

Ernst Hanisch, Der lange Schatten des Staates. Österreichische Gesellschaftsgeschichte im 20. Jahrhundert (Wien 1994).

Walter Hofer, Edouard Čalić, Christoph Graf u.a., Der Reichtagsbrand. Eine wissenschaftliche Dokumentation (Reihe unerwünschter Bücher zum Faschismus Nr. 4, Freiburg 1992).

Helena Igerc, Poniževanje. In: Po sledovih. Pričevanja koroških Slovencev 1920-1945, ed. Slovenska prosvetna zveza (Celovec/Klagenfurt 1991) 294-302.

Anton Jelen, Kje je treba narediti križ. In: Po sledovih. Pričevanja koroških Slovencev 1920-1945, ed. Slovenska prosvetna zveza (Celovec/Klagenfurt 1991) 35-41.

Anton Jelen, Begunje - Celovec - Kamen. In: Po sledovih. Pričevanja koroških Slovencev 1920-1945, ed. Slovenska prosvetna zveza (Celovec/Klagenfurt 1991) 203-215.

Tone Jelen, Hoja za mavrico. Spomini iz temnih dni pričakovanja (Klagefurt/Celovec 2003).

Franz Kattnig, Sämtliche Slowenen. Versuch einer Dokumentation (Klagenfurt/Celovec 1978).

Pavla Kelih, To si Hitler ne bo upal In: Po sledovih. Pričevanja koroških Slovencev 1920-1945, ed. Slovenska prosvetna zveza (Celovec/Klagenfurt 1991) 238-240.

Andrej Kokot. Das Kind, das ich war. Erinnerungen an die Vertreibung der Slowenen aus Kärnten (Klagenfurt/Celovec 1999).

Lipej Kolenik, Mali ljudje na veliki poti. Spomini na predvojni, vojni in povojni čas na Koroškem (Celovec/Klagenfurt 1997).

Flora Kotnik, V Dravograjskih in Celovških zaporih. In: Slovenke v narodnoosvobdilnem boju II-2 (Ljubljana 1970) 1162-1172.

Helene Kuhar, Ein Feuer geht von Luče aus. In: Der Himmel ist blau. Kann sein. Frauen im Widerstand 1938-1945, ed. Karin Berger, Elisabeth Holzinger, Lotte Podgornik u. a. (Wien 1985) 142-160.

Peter Kuhar, Kurirji smo stalno bežali. In: Po sledovih. Pričevanja koroških Slovencev 1920-1945, ed. Slovenska prosvetna zveza (Celovec/Klagenfurt 1991) 303-311.

Danilo Kupper, Pregon takoj ali šele pozneje. In: Po sledovih. Pričevanja koroških Slovencev 1920-1945, ed. Slovenska prosvetna zveza (Celovec/Klagenfurt 1991) 46-49.

Heinz Kümmerlein, Reichsjustizgerichtsgesetz vom 6. November 1943 mit den ergänzenden Rechts- und Verwaltungsvorschriften auf dem Gebiet des Jugendstrafrechts, Jugendhilferechts und dem strafrechtlichen Jugendschutzes (München und Berlin 1944).

Edmund Lauf, Der Volksgerichtshof und seine Beobachter. Bedingungen und Funktionen der Gerichtsberichterstattung im Nationalsozialismus (Opladen 1994).

Andrej Leben, V borbi smo bile enakopravne. Upornishke ženske na Koroškem v letih 1939-1955 (Klagenfurt/Celovec 2003).

Marjan Linasi, Koroški partizani. Protinacistični odpor na dvojezičnem Koroškem v okviru slovenske Osvobodilne fronte (Klagenfurt/Celovec 2010).

Rado Lipičar, Žrtve v Podjuni. O deležu Mičejevih iz Šentvida In: Vestnik koroških partizanov 2 (Ljubjana 1984) 51-59.

Augustin Malle, Die Kärntner Volksabstimmung. In: Die Deportation slowenischer Familien aus Kärnten, ed. Österreichische Liga für Menschenrechte (Wien 2004) 27-34.

Augustin Malle, Die Lage der Slowenen in der Zwischenkriegszeit. In: Die Deportation slowenischer Familien aus Kärnten 1942, ed. Österreichische Liga für Menschenrechte (Wien 2004) 37-46.

Augustin Malle, Alfred Elste, Brigitte Entner u. a., Vermögensentzug, Rückstellung und Entschädigung am Beispiel der slowenischen Minderheit, ihrer Verbände und Organisationen (Veröffentlichung der österreichischen Historikerkommission, München 2004).

Mirko Messner, Koroški Slovenci in leto 1938. In: Po sledovih. Pričevanja koroških Slovencev 1920-1945, ed. Slovenska prosvetna zveza (Celovec/Klagenfurt 1991) 75-80.

Mirko Messner, Odpor koroških Slovencev. In: Po sledovih. Pričevanja koroških Slovencev 1920-1945, ed. Slovenska prosvetna zveza (Celovec/Klagenfurt 1991)195-202.

Andrej Mičej, Obešeni v Gradcu, Slovenke v narodnoosvobodilnem boju II-2 (Ljubljana 1970) 1156-1158.

Andrej Mitsche, Čakanje. In: Po sledovih, Pričevanja koroških Slovencev 1920-1945, ed. Slovenska prosvetna zveza (Celovec/Klagenfurt 1991) 337-339.

Sven Monnesland, Land ohne Wiederkehr. Ex-Jugoslawien: Die Wurzeln des Krieges (Klagenfurt/Celovec 1997).

Andreas Moritsch, Nationale Ideologien in Kärnten. In: Kärntner Slowenen/ Koroški Slovenci 1900-2000. Bilanz des 20. Jahrhuderts, ed. Andreas Moritsch (Klagenfurt/Celovec - Ljubjana - Wien 2000) 9-28.

Mario Nachtigall, Die Kärntner Slowenen und die Widerstandsbewegung in Kärnten in den Jahren 1934-1945, anhand einer slowenischen Familie exemplarisch dargestellt (Phil. Dipl., Klagefurt 1986).

Wolfgang Neugebauer, Der NS-Terrorappareat. In: NS-Herrschaft in Österreich. Ein Handbuch, ed. Emmerich Tálos, Ernst Harnisch, Wolfgang Neugebauer u. a. (Wien 2000) 721-766.

Wolfgang Neugebauer, Widerstand und Opposition. In: NS-Herrschaft in Österreich. Ein Handbuch, ed. Emmerich Tálos, Ernst Harnisch, Wofgang Neugebauer u. a. (Wien 2000) 187-212.

Wolfgang Neugebauer, Zur Bedeutung des slowenischen Widerstandes in Kärnten. In: Spurensuche. Erzählte Geschichte der Kärntner Slowenen, ed. Dokumentaionsarchiv des österreichischen Widerstandes (Wien 1990) 7-8.

Peter Nitschke, Polizei und Gestapo. Vorauseilender Gehorsam oder polykratischer Konflikt? In: Die Gestapo - Mythos und Realität, ed. Gerhard Paul und Klaus-Michael Mallmann (Darmstadt 1995) 306-322.

Helmut Ortner, Der Hinrichter. Roland Freisler - Mörder im Dienste Hitlers (Göttingen 1995).

Franc Petek, Iz mojih spominov (Ljubljana - Borovlje/Ferlach 1979).

Andreas Pittler, Koroški Slovenci in Prva republika. In: Po seldovih. Pričevanja koroških Slovencev 1920-1945, ed. Slovenska prosvetna zveza (Celovec/Klagenfurt 1991) 13-19.

Andrei Plajer, Partizansko gnezdo v Št. Vidu v Podjuni. In: Koledar slovenske Koroške (Celovec/Klagenfurt 1950) 64-67.

Janko Pleterski, Viri 1 - politično preganjanje Slovencev v Avstriji 1914-1917. Poročili vojaške in vladne komisije (Ljubljana 1980) 50-74.

Karel Prušnik Gašper, Gemsen auf der Lawine. Der Kärntner Partisanenkampf (Ljubljana 1984).

Karel Prušnik Gašper, Die Kärntner Slowenen im bewaffneten Krieg gegen den Faschismus. In: 8. Kärntner Kulturtage, ed. Augustin Malle (Klagefurt 1977) 1-13.

Josef Rausch, Der Partisanenkrieg in Kärnten im Zweiten Weltkrieg (Militärhistorische Schriftenreihe 39/40, Wien 1994).

Josef Rausch, Der Partisanenkrieg in Kärnten. Abseits von Verklärung und Verteufelung. In: Die Deportation slowenischer Familien aus Kärnten, ed. Österreichische Liga für Menschenrechte (Wien 2004) 79-86.
Johanna Sadolschek. Die letzte Kugel war immer für mich. In: Der Himmel ist blau. Kann sein. Frauen im Widerstand 1938-1945, ed. Karin Berger, Elisabeth Holzinger, Lotte Podgornik u.a. (Wien 1985) 122-141.

Apolonija Schellander, In: Tako smo živeli 5. Življenjepisi koroških Slovencev, ed. Krščanska kulturna zveza in Slovensko narodopisno društvo Urban Jarnik (Celovec/Klagenfurt 1997) 125-148.

Margarete Schütte-Lihotzky, Erinnerungen aus dem Widerstand. Das kämpferische Leben einer Architektin von 1938-1945 (Wien 1994).

Valentin Sima, Gewalt und Widerstand. In: Kärntner Slowenen/Koroški Slovenci 1900-2000. Bilanz des 20. Jahrhunderts, ed. Andreas Moritsch (Klagenfurt/Celovec - Ljubjana - Wien 2000) 263-280.

Valentin Sima, Die Vertreibung von Kärntner Slowenen 1942. Vorgeschichte, Reaktionen und Interventionen von Wehrmachtsstellen. In: Narodu in državi sovražni. Pregon koroških Slovencev 1942. Volks- und staatsfeindlich. Die Vertreibung von Kärntner Slowenen 1942, ed. Avguštin Malle, Valentin Sima (Celovec/Klagefurt 1992) 133-209.

Valentin Sima, Die Deportation slowenischer Familien aus Kärnten I. Rahmenbedingungen, Präludium und Vorbereitung. In: Die Deportation slowenischer Familien aus Kärnten 1942, ed. Österreichische Liga für Menschenrechte (Wien 2004) 61-75.

Valentin Sima, Vertreibung slowenischer Familien als Höhepunkt deutschnationaler Politik in Kärnten. In: Die Vertreibung der Kärntner Slowenen. Pregon koroških Slovencev, ed. Avguštin Malle (Klagenfurt/Celovec 2002) 133-170.

Valentin Sima, Der Anschluss mit besonderer Berücksichtigung der Kärntner Slowenen. In: Das gemeinsame Kärnten. Skupna Koroška. Volksgruppenproblematik 1938-1985, ed. Deutsch-slowenischer Koordinationsausschuss des Diözesanrates (Klagenfurt 1985) 14-30.

Valentin Sima, Kärntner Slowenen unter nationalsozialistischer Herrschaft: Verfolgung, Widerstand, Repression. In: NS-Herrschaft in Österreich. Ein Handbuch, ed. Emmerich Tálos, Ernst Harnisch, Wolfgang Neugebauer u. a. (Wien 2000) 744-766.

Jakob Sitter, Die Anfänge des slowenischen Genossenschaftswesens in Südkärnten und deren heutige Struktur, Einordnung und Position in österreichischen ländlichen Genossenschaftsorganisationen unter besonderer Berücksichtigung der Warenorganisation (Phil. Dipl., Linz 1981).
Erwin Steinböck, Partisanenkämpfe und Widerstand. In: Das gemeinsame Kärnten/Skupna Koroška. Volksgruppenproblematik 1938-1985, ed. Deutsch-slowenischer Koordinationsausschuss des Diözesanrates (Klagenfurt 1985) 31-52.

Ingrid Strobl, „Sag nie, du gehst den letzten Weg". Frauen im bewaffneten Widerstand gegen Faschismus und deutsche Besatzung (Frankfurt am Main 1989).

Katja Sturm-Schnabl, Tito moj odrešenik. In: Po sledovih. Pričevanja koroških

Slovencev 1920-1945, ed. Slovenska prosvetna zveza (Celovec/Klagenfurt 1991) 135-140.

Josef Till, Die Kärntner Slowenen und die Diözese Gurk-Klagenfurt. In: Kärntner Slowenen/Koroški Slovenci 1900-2000. Bilanz des 20. Jahrhunderts, ed. Andreas Moritsch (Klagenfurt/Celovec - Ljubljana - Wien 2000) 67-169.

Joško Tischler, Poročilo Dr. Joška Tischlerja o povratku pregnancev/Bericht des Dr. Joško Tischler über die Rückkehr der Vertriebenen. In: Narodu in državi sovražni. Pregon koroških Slovencev 1942/Volks-und staatsfeindlich. Die Vertreibung von Kärntner Slowenen 1942, ed. Augustin Malle, Valentin Sima (Celovec/Klagenfurt 1992) 476-479.

Marija Tolmajer, Umreti doma. In: Po sledovih. Pričevanja koroških Slovencev 1920-1945, ed. Slovenska prosvetna zveza (Celovec/Klagenfurt 1991) 155-160.

Janko Tolmajer, Hitlerjeva občina. In: Po sledovih. Pričevanja koroških Slovencev 1920-1945, ed. Slovenska prosvetna zveza (Celovec/Klagenfurt 1991) 91-93.

Peter G. Tropper, Nationalitätenkampf, Kulturkampf, Heimatkrieg. Dokumente zur Situation des slowenischen Klerus in Kärnten von 1914 bis 1921 (Klagenfurt 2002).

Janko Urank, Lucifer, In: Po sledovih. Pričevanja koroških Slovencev 1920-1945, ed. Slovenska prosvetna zveza (Celovec/Klagenfurt 1991) 216-224.

Theodor Veiter, Die slowenische Volksgruppe in Kärnten. Geschichte, Rechtslage, Problemstellung. (Kleine historische Monographien 50, Wien - Leipzig 1936).

Theodor Veiter, Volksgruppenrecht 1918-1938 (Wien 1980).

Helena Verdel, Pregon koroških Slovencev. In: Po sledovih. Pričevanja koroških Slovencev 1920 do 1945, ed. Slovenska prosvetna zveza (Celovec/Klagenfurt 1991) 129-134.

August Walzl, „Als erster Gau....". Entwicklung und Strukturen des Nationalismus in Kärnten (Klagefurt 1992).

August Walzl, Gegen den Nationalsozialismus. Widerstand gegen die NS-Herrschaft in Kärnten, Slowenien und Friaul (Klagefurt 1994).

Rudolf Wendrinsky, Freisler-Prozesse. Der Volksgerichtshof im Dritten Reich (Phil. Dipl., Wien 1987).

Janez Weiss, Odpor v srednjem Rožu. In: Po sledovih. Pričevanja koroških Slovencev 1920-1945, ed. Slovenska prosvetna zveza (Celovec/Klagenfurt 1991) 344-347.

Franz Weisz, Personell vor allem „ein ständestaatlicher" Polizeikörper. Die Gestapo in Österreich. In: Die Gestapo - Mythos und Realität, ed. Gerhard Paul und Klaus-Michael Mallmann (Darmstadt 1995) 439-462.

Michael Wildt, Radikalisierung und Selbstradikalisierung 1939. Die Geburt des Reichssicherheitsamtes aus dem Geist des völkischen Massenmords. In: Die Gestapo im zweiten Weltkrieg, ed. Gerhard Paul und Klaus-Michael Mallmann (Darmstadt 2000) 11-41.

Heidi Wilscher, Politično preganjanje koroških Slovencev v Nacizmu. In: Die Vertreibung der Kärntner Slowenen. Pregon koroških Slovencev, ed. Avguštin Malle (Klagenfurt/Celovec 2002) 75-87.

Heidi Wilscher, Die politische Verfolgung der Kärntner Slowenen durch das NS-Regime. In: Die Deportation slowenischer Familien aus Kärnten 1942, ed. Österreichische Liga für Menschenrechte (Wien 2004) 49-58.

Rezika Wister, Leto dni v celovških zaporih. In: Slovenke v narodnoosvobodilnem boju II-2 (Ljubljana 1970) 1160-1162.

Martin Wutte, Deutsch-Windisch-Slowenisch (Klagenfurt 1927).

Ana Zablatnik, Rožni venci iz kruha. In: Po sledovih. Pričevanja koroških Slovencev 1920-1945, ed. Slovenska prosvetna zveza (Celovec/Klagenfurt 1991) 356-360.

Pavle Zablatnik, Poti po uradih. In: Po sledovih. Pričevanja koroških Slovencev 1920-1945, ed. Slovenska prosvetna zveza (Celovec/Klagenfurt 1991) 81-83.

Bogdan Zolnir, Mile Pavlin, Protifašistični odpor. Koroška - od začetka vstaje do konca leta 1943 (Celovec/Klagenfurt - Ljubljana/Laibach 1994).

Zeitungsartikel
Kärntner Zeitung (Klagenfurt, am12. Jänner 1945).
Mir 25a (Klagenfurt am 29. Juni 1914) S. 1.

Dokumente

Bundesarchiv Berlin, P 650 (1361-1-4488) Anklageschrift verfasst von der Oberreichsanwaltschaft beim Volksgerichtshof am 18. Dezember 1944, gegen Johann Klantschnik u.a.

Bundesarchiv Berlin, P 650 (1361-1-4489) Strafvollstreckungsheft von Josef Rotschitschjak.

Bundesarchiv Berlin, P 659 (1361-1-4155) Strafvollstreckungsheft von Markus Käfer.

Bundesarchiv Berlin ZC 20035 A.21 Urteilstenor von Johann Klantschnik u.a., verfasst vom Amtsrat Thiele am 9. Jänner 1945 in Berlin.

Bundesarchiv Berlin VGH 2184 A.2 Vollstreckungsbeschluss des Reichsministers der Justiz an den Oberreichsanwalt beim Volksgerichtshof, Berlin am 8. Jänner 1945.

Staatsarchiv München, JVA 11066, Aufnahmeersuchen des Oberreichsanwalts beim VGH an den Vorstand des Frauenzuchthauses in Aichach.

Staatsarchiv München, JVA 11066, Transportzettel der Gefangenen Josefine Trobej.

Staatsarchiv München, JVA 11066, Aufnahmeverhandlung von Josefine Trobej.

Staatsarchiv München, JVA 11066, Verzeichnis der von der Zuchthausgefangenen Trobej Josefine mitgebrachten Gelder, Wertsachen, Kleider usw.
Staatsarchiv München, JVA 11066, Aufnahmeuntersuchung von Josefine Trobej.

Staatsarchiv München, JVA 11066, Verordnung der Prüfungskommission über Entlassung der Gefangenen Josefine Trobej.

Staatsarchiv München, JVA 11066, Fragebogen für Insassen der Konzentrationslager.

Staatsarchiv München JVA 7940, Transportzettel für eine Beförderung im Gefangenen-Sammelwagen auf Eisenbahnen der Gefangenen Maria Olip.

Kärntner Landesarchiv, Hofakten der Familie Ročičjak.

Amt der Kärntner Landesregierung, Opferführsorgeakten von Josefine Trobej.

Pfarrchroniken

Pfarrchronik der Pfarre St. Jakob im Rosental.

Pfarrchronik der Pfarre St. Kanzian.

Interviews

Interview mit Aloizija Boštjančič, ehemalige Gefangene der Haftanstalt Klagenfurt am 3. Novembern 1988. Aus der Interviewsammlung des Dokumentationsarchivs des österreichischen Widerstandes (DÖW) geführt von Mirko Messner und Helena Verdel.

Interview mit Milena Gröblacher, ehemalige Aktivistin der Partisanen in St. Kanzian am 10. November 1987 und am 3. Februar 1988. Aus der Interviewsammlung des Dokumentationsarchivs des österreichischen Widerstandes (DÖW) geführt von Mirko Messner und Helena Verdel.

Interview mit Maria Hribar, ehemalige Gefangene in Zuchthaus Aichach, Ebriach/ Obirsko pri Železni Kapli am 15. September 2002.

Interview mit Peter Kuhar, Obmann des Verbandes der Kärntner Partisanen, Klagenfurt am 5. Jänner 2006.

Interview mit Andrej Mitsche, Vater der verurteilten Terezija Mitsche jun. und Mann der verurteilten Terezija Mitsche sen. am 13. Oktober 1987. Aus der Interviewsammlung des Dokumentationsarchivs des österreichischen Widerstandes (DÖW) geführt von Mirko Messner und Helena Verdel.

Interview mit Apolonija Schellander, ehemalige Gefangene der Haftanstalt Klagenfurt, Ludmannsdorf am 1. Oktober 2002.

Gespräch mit Jožefa Trobej, St. Kanzian am 22. September 2001.

Interview mit Ana Zablatnik, ehemalige Gefangene der Haftanstalt Klagenfurt, Ludmannsdorf am 29. August 2002.

Interview mit Romana Zellnig, Schwiegertochter vom Mitangeklagten Markus Zellnig, Klagenfurt am 7. Jänner 2006.

Anhang

Brief von Josef Ročičjak an Simon Mohar (=Vater von Milena Gröblcher, geborene Mohar)

Alle meine Lieben,   Klagenfurt, den 18.11.1944

Meine Lieben!

Bitte nimm es mir nicht übel, dass ich dir für deinen Besuch nicht gedankt habe, weil ich mich über jeden Besuch sehr freue - auch der Vater könnte mich einmal besuchen, oder einer von den Kustern, aber alle habt ihr Angst vor den Arrestanten, obwohl wir nichts Böses getan haben. Gott sei Dank bin ich noch gesund und auch zu essen habe ich genug.

Milenka, bitte sag du beim Komar, dass jemand am Donnerstag herauf kommt. Den Apparat soll er nicht mitbringen, weil ich wachsen ließ. Meine Nachbarn kennen mich nicht mehr, es ist auch nicht notwendig, so werde auch ich sie leicht vergessen können, es sind ja lauter Herren, aber man weiß nicht wie lange. Ich aber weiß es.

Noch etwas ist mir eingefallen. Milenka, sag bitte auch Marica, sie soll mich besuchen kommen, damit wir beide uns aussprechen können.

Ist der Jogr noch nicht eingerückt, wo die Soldaten so gebraucht werden — er aber schält zu Hause die Lagerbäume.

Noch einmal danke ich dir, Milenka, für deinen Besuch. Es freut mich sehr, dass sich noch jemand meiner erinnert, auch ich werde dich in Erinnerung behalten. Komm mich noch öfter besuchen.

Jetzt noch schöne Grüße an die ganze Familie und schreibt mir noch!

Josef Ročičjak Komarjovič

Was macht eigentlich der Foltej? Ist er schon ein bisschen gewachsen, um mich besuchen zu können? Ich denke oft an ihn.
Sind die Patin Franca und die Nanej gesund? Auch die beiden lasse ich schön grüßen.

Simon, du aber bleib stark, damit du ein strammer Soldat wirst.

Klagenfurt, den 18. 11. 194 7

Dragi mi...

Prosim ne zameri mi da se ti nisem
zahvalil za obisk, ker me zelo razveseli
ko pride kdo k meni, tudi atej bi prišel
me enkrat obiskat, ali pa kak Kuster, a
pa se "iso" bojite restantev, pa nič ne storimo
hudega. Jaz sem hvala Bogu še zdrav
in tudi za jesti imam dovolj.
Milenka prosim ti povej k Komarju, da
zatera pride + čtertek gor, da ne nosi
aparata sboj, ker sem pustil zaste.
Moji sosedje me ne poznajo več, pa tudi
ni treba, ijh bom pa jaz tudi lahko porabil,
saj so zanni gospodi, pa ne veste kako dolgo
Jaz pa vem. Še nekaj sem se spomnil
Milenka tudi to povej da enkrat Marica
pride gor, da se še midva pogovorimva.
Ali je Toger ni šel k Vojakom bo ijh tako
potrebujejo, on pa doma kmarje kopi.

Še enkrat lepa hvala Milenka
za obisk. me prav veseli da se še
nekdo spominja, se bom tudi jaz
spomnil na te

Pridi še večkrat k meni.

Zdaj vas celo družino lepo pozdravlam.
in tudi vi še pišite
Jozef Ročičjak Komarjovič.

Brief von Josef Ročičjak an Simon Mohar

Urteil des Volksgerichtshofes vom 9.1.1945 über die Gruppe Käfer/Ročičjak/Mičej[1]

Im Namen des Deutschen Volkes!

In der Strafsache gegen

1) den Schmiedegesellen Johann Klantschnik aus Scheriau bei Schwarzenbach, Kreis Völkermarkt, geboren am 2. Mai 1920 in Rawne bei Schönstein, Kreis Cilli,

2) die Landwirtstochter Maria Zellnig aus Ettendorf, Kreis Wolfsberg, dort am 1. September 1920 geboren,

3) den Gastwirt und Bauer Markus Zellnig aus Ettendorf, Kreis Wolfsberg, dort am 11. April 1894 geboren,

4) den Landwirt und Gastwirt Markus Käfer aus Lamprechtsberg, Kreis Wolfsberg, dort am 21. April 1889 geboren

5) die Frau Irma Käfer geb. Tomaschitz aus Lamprechtsberg, Kreis Wolfsberg, geboren am 27. Februar 1904 in Dellach, Kreis St. Veit/Glan,

6) die Frau Josefine Kampl geborene Oleschko aus Ettendorf, Kreis Wolfsberg, dort am 14. März 1905 geboren,

7) den Landwirt Josef Rotschitschjak aus Kleindorf, Kreis Völkermarkt, dort am 22. März 1884 geboren,

8) die Landwirtstochter Elisabeth Rotschitschjak aus Kleindorf, Kreis Völkermarkt, dort am 10. Juli 1911 geboren,

9) die Frau Josefine Trobej geb. Rotschitschjak aus Kleindorf, Kreis Völkermarkt, dort am 16. März 1916 geboren,

10) das Lehrmädchen Franziska Rotschitschjak aus Kleindorf, Kreis Völkermarkt, dort am 12. April 1928 geboren,

11) die Frau Theresia Mitsche geb. Gregoritsch aus St. Veit im Jauntal, Kreis Völkermarkt, dort am 2. September 1884 geboren,

12) die Bürstenmachergehilfin Theresia Mitsche aus St. Veit im Jauntal, Kreis Völkermarkt, dort am 25. September 1922 geboren,

---

[1] Wilhelm Baum: Die Freisler-Prozesse in Kärnten, Klagenfurt 2011, 278-280

13) den Bürstenmachergehilfen Stefan Kummer aus Rotschitschach/St. Kanzian, Kreis Völkermarkt, geboren am 31. Mai 1911 in St. Veit im Jauntal, Kreis Völkermarkt, ehemaliger jugoslawischer Staatsangehöriger;

zu 1 bis 9 und 11 bis 13 zur Zeit in dieser Sache in gerichtlicher Untersuchungshaft, wegen Vorbereitung zum Hochverrat, hat der Volksgerichtshof, 1. Senat, auf die am 2. Januar 1945 eingegangene Anklage des Herrn Oberreichsanwalts, in der Hauptverhandlung vom 6. Januar 1945, an welcher teilgenommen haben als Richter:

Präsident des Volksgerichtshofs Dr. Freisler, Vorsitzer,

Landgerichtsdirektor Dr. Schlemann,

komm. Gauamtsleiter Gebhart,

Hauptgemeinschaftsleiter Lettner,

Abschnittsleiter Treffer,

als Vertreter des Oberreichsanwalts:

Landgerichtsrat Dr. Bach,

für Recht erkannt:

Markus Käfer, ein alter, verbissener schwer bewaffneter kommunistischer Volksverräter, machte sich zum Rädelsführer kommunistischen Bandenunwesens im Sarantal, betrieb im großen Kriegsspionage und gab wichtigste Informationen zur Bombardierung von Rüstungswerken in vielen Gauen unseres Reiches, beriet über Liquidierungslisten deutscher Volksgenossen, führte den Banditen einen Franzosen zu und half ihnen auch sonst.

Johann Klantschnik war selbst kommunistischer Bandit, raubte mit Kumpanen eine Gendarmeriestation aus, beraubte einen Ortsbauernführer und trieb Kriegsspionage.

Maria Zellnig wußte von dem allen in großen Zügen, gab Banditen Unterschlupf und Verpflegung, stellte Verbindungen zwischen Klantschnik, Käfer und der Südkärntner Bandenleitung her, beförderte auch einen Spionagebrief.

Frau Irma Käfer ließ nicht nur gegen lediglich schwachen Protest das Treiben ihres Mannes in der Wohnung zu, sondern schrieb sogar in dessen Auftrag zwei Spionageberichte selten schwerwiegenden Inhalts.

Markus Zellnig ließ zu, daß seine Tochter sein Haus zum Stützpunkt für die Banditen machte.

Frau Theresia Mitsche und ihre Tochter Theresia Mitsche beherbergten und verpflegten mehrmals Banditen bei sich.

Dasselbe taten Josef Rotschitschjak und seine Tochter Elisabeth Rotschitschjak.

Frau Josefine Kampl hat einen flüchtigen Franzosen wochenlang bei sich versteckt gehalten und geleitete ihn schließlich zu den Banditen.

Sie alle haben also als verräterische Handlanger unserer Kriegsfeinde für immer ihre Ehre weggeworfen. Sie werden mit dem Tode bestraft.

Frau Josefine Trobej ließ geschehen, daß ihr Vater und ihre Schwester Elisabeth, dessen Wirtschaft sie führte, den Banditen im Hause Unterschlupf geben. Sie bekommt dafür fünf Jahre Zuchthaus, darüber hinaus ist sie fünf Jahre ehrlos.

Stefan Kummer hörte von seiner Schwester Theresia Mitsche, daß bei ihnen einmal Banditen gewesen waren, meldete dies aber nicht. Dafür bekommt er drei Jahre Zuchthaus. Drei weitere Jahre ist er ehrlos.

Frau Josefine Trobej und Stefan Kummer rechnen wir ihre ganze bisherige Haft auf ihre Strafe an.

Die sechzehnjährige Franziska Rotschitschjak wußte, daß zweimal Banditen in ihrem Elternhause gewesen waren. Aber sie hatte noch nicht die Einsicht, daß sie das melden mußte. Wir sprechen sie deshalb von dem Vorwurf frei, daß sie pflichtwidrig keine Anzeige erstattet habe.

Die Richtigkeit der vorstehenden Abschrift wird beglaubigt und die Vollstreckbarkeit des Urteils bescheinigt.
Berlin, den 9. Januar 1945.
Amtsrat
13. Januar 1945
An den Herrn Oberreichsanwalt beim Volksgerichtshof mit 39 beglaubigten 39 einfachen Abschriften.

Namensregister